Myrzabek Tuiganov

Questões de transformação do Islão no Cazaquistão

Myrzabek Tuiganov

Questões de transformação do Islão no Cazaquistão

ScienciaScripts

Imprint
Any brand names and product names mentioned in this book are subject to trademark, brand or patent protection and are trademarks or registered trademarks of their respective holders. The use of brand names, product names, common names, trade names, product descriptions etc. even without a particular marking in this work is in no way to be construed to mean that such names may be regarded as unrestricted in respect of trademark and brand protection legislation and could thus be used by anyone.

Cover image: www.ingimage.com

This book is a translation from the original published under ISBN 978-3-330-33193-8.

Publisher:
Sciencia Scripts
is a trademark of
Dodo Books Indian Ocean Ltd. and OmniScriptum S.R.L publishing group

120 High Road, East Finchley, London, N2 9ED, United Kingdom
Str. Armeneasca 28/1, office 1, Chisinau MD-2012, Republic of Moldova, Europe
Printed at: see last page
ISBN: 978-620-8-28283-7

Índice

Tuiganov M.S.

A coleção inclui artigos científicos do autor dedicados às questões da transformação do Islão no Cazaquistão moderno. Apresenta aspectos relevantes da politização do Islão, a sua relação com o Estado, bem como os problemas da radicalização.

A publicação pode ser útil para estudantes de licenciatura, mestrado, doutoramento e para aqueles que lidam com questões religiosas na prática.

RADICALIZAÇÃO DO ISLÃO NO CAZAQUISTÃO: UMA ABORDAGEM INSTITUCIONAL

Resumo: O artigo trata de questões relacionadas com a radicalização do Islão no Cazaquistão. O estudo de alguns aspectos do processo de radicalização do Islão é proposto através da análise de acontecimentos actuais e da aplicação de uma abordagem institucional. São apresentadas as peculiaridades da correlação entre o Islão tradicional e a corrente radical do Islão como instituições sociais no âmbito do sistema político do Cazaquistão.

Palavras-chave: radicalização, Islão, instituição, institucionalização, abordagem institucional, Islão tradicional, sistema político

A religião está cada vez mais envolvida em todas as esferas da vida da sociedade cazaque. Trata-se de um processo objetivo de desenvolvimento pós-secular, uma das caraterísticas importantes do qual tem sido a respeitabilidade da religião em geral e do Islão em particular. Por conseguinte, a institucionalização do radicalismo no Cazaquistão pode passar despercebida no contexto do renascimento islâmico geral e da baixa consciência religiosa da sociedade. O reconhecimento do facto da radicalização do Islão e da luta contra ela cria uma atmosfera especial com imagens ideais inerentes de "vitória" e, ao mesmo tempo, receios existenciais.

Ideologicamente, a sociedade deve ver uma imagem de "vitória" sobre o radicalismo. A missão do Estado deve ser a de desenvolver esta "imagem de vitória desejada". Essa imagem deve ser extraída do próprio ambiente institucional. O problema é que os radicais já propuseram a sua própria imagem de "vitória", bastante simples e clara, que consiste, antes de mais, no estabelecimento do chamado Califado Mundial - uma versão ideal de sociedade e Estado para toda a humanidade.

A análise retrospetiva mostra que a concretização da ideia do Califado Mundial se baseia não só nos princípios da ideologia radical, mas também no princípio do conceito global de desenvolvimento sustentável, expresso no lema: "Pensar globalmente, agir localmente", que é inadvertidamente extrapolado. O princípio é universal, e as acções das instituições radicais de acordo com este princípio permitem criar um efeito cumulativo na sociedade e na política.

Historicamente, a religião, enquanto instituição social, tem sido uma espécie de regulador da atividade política, influenciando os sistemas políticos e a subsequente transformação do espaço social de orientação religiosa. O Estado, por sua vez, utilizou a religião para atingir objectivos geopolíticos. Esta interação foi bidirecional e mutuamente condicionada, pelo que não é por acaso que estas duas instituições, tanto no passado como no presente, continuam a ter um profundo impacto no desenvolvimento civilizacional do mundo e no próprio homem [1, p. 214]. Na fase atual, a situação em torno da religião no Cazaquistão pode ser formulada como uma dicotomia - "promover a construção positiva de formas de ser da sociedade estáveis do ponto de vista confessional, espacial e temporal" contra "mecanismos que causam mudanças e transformações do espaço etno-confessional". Um desses mecanismos foram os processos de politização e radicalização do Islão, associados à sacralização do poder do Estado e à expansão religiosa. De acordo com o conceito de politização das comunidades de A. L. Strizoe, ".... comunidades religiosas" têm "autonomia de funcionamento e desenvolvimento", e o nível de politização das comunidades etno-religiosas depende das condições de estabilidade sócio-política [Citado em 1, p. 214].

Nas palavras de A. Raymond, um dos clássicos da ciência política: "Toda a interação humana pressupõe a presença do poder. Em todas as religiões, o poder exprime-se claramente. A sua singularidade reside no facto de uma pessoa religiosa estar sujeita a duas autoridades - a autoridade de Deus e a autoridade do homem (o seu líder). Nas organizações radicais, o líder usurpa todas estas autoridades nas suas mãos. Quanto à política, ela pode tornar-se religiosa, e a religiosidade não tem necessariamente de ser expressa no entendimento tradicional da religião. Como sabemos, a ideologia totalitária é um exemplo vivo de religião secular.

Para começar, revelemos o conteúdo dos termos-chave. Radicalismo *(do latim radicalis - radical, do latim radix - raiz)* são ideias e acções sociopolíticas que visam uma mudança decisiva das instituições existentes. A radicalização é entendida como um desenvolvimento acelerado e mais decisivo de qualquer processo, fenómeno, etc. [2]. Na literatura científica sobre os problemas do islamismo, este termo é frequentemente utilizado como sinónimo, juntamente com termos como politização do Islão, extremismo e terrorismo. O radicalismo implica uma dissociação da tradição existente. Na história, também tem sido aplicado a movimentos reformistas moderados. O radicalismo religioso baseia-se no dogma, que forma uma avaliação cognitiva da realidade social, seguida de uma nova variante de reforma dessa realidade.

Neste artigo, entendemos a radicalização do Islão como "um processo político baseado na doutrina ideológica do Islão radical (islamismo), que envolve a implementação de práticas políticas específicas diferenciadas - desde a implementação do chamado "apelo islâmico" (radicalismo moderado) até à condução total de acções subversivas e terroristas contra os "inimigos do Islão", justificando-as pela "luta pela fé" - jihad - com vista à construção de um Estado islâmico e à introdução da Sharia (jihad). (radicalismo moderado) a acções subversivas e terroristas totais contra os "inimigos do Islão", justificando-as com a "luta pela fé" - jihad, a fim de construir um Estado islâmico e a introdução da Sharia (ultra-radicalismo)" [3]. [3].

Se falarmos de institucionalismo, devemos antes de mais referir que se trata de um dos conceitos metodológicos modernos que está a ganhar popularidade na comunidade científica. G. Bloomer encontrou a essência das instituições sociais nos sujeitos activos e na ação: "A sociedade humana deve ser vista como constituída por pessoas activas, e a vida da sociedade deve ser vista como constituída pelas suas acções. Existe também uma ação colectiva que leva os indivíduos a adaptarem as suas linhas de comportamento uns aos outros. Ao nível específico da sociedade, D.G. Mead considera uma série de afirmações sobre as instituições sociais, definindo-as "como a resposta social da sociedade", como "os costumes vitais da sociedade", como "um conjunto organizado de atitudes". Não restringem a criatividade, determinam como as pessoas devem atuar, deixando espaço para o indivíduo e para a criatividade [Citado em 4, p. 125]. De uma forma ou de outra, G. Bloomer e D.G. Mead entendem por instituições as substâncias da atividade. As comunicações desempenham nelas um papel importante, mas a descrição omite os elementos estruturais que garantem a estabilidade das instituições.

No quadro da problemática em análise, consideramos *a atividade* religiosa *em* geral, e o *processo de* radicalização do Islão, em particular, como uma instituição sociopolítica, como uma ação unida, até certo ponto, expedita, do ponto de vista dos próprios actores. É de notar que a base desta conveniência é o espaço político, que não é apenas uma forma de interação humana, mas também um sistema de coordenadas para o desenvolvimento da sociedade.

O Islão no Cazaquistão não é uma instituição social inovadora, uma vez que a sua difusão na região tem uma história de mil anos, mas apesar disso, na fase atual, adquiriu uma série de caraterísticas específicas. Este facto deve-se à lógica geral do aparecimento e desenvolvimento de instituições sociais nas condições do Cazaquistão independente.

Na perspetiva do institucionalismo, o processo de radicalização do Islão no Cazaquistão pode ser considerado nos seguintes aspectos. Em primeiro lugar, o reabastecimento das fileiras de neófitos de organizações extremistas religiosas e o estabelecimento das suas actividades activas no domínio da "conversão confessional" à custa da formação de um núcleo marginal na sociedade cazaque. Um núcleo marginal extenso, especialmente no meio juvenil, tornou-se, regra geral, por um lado, uma consequência da situação histórica existente, de alguns erros da política interna do Estado e, por outro lado, do trabalho extenso de actores específicos - radicais e globalização. Todos estes fenómenos podem ser apresentados como recursos institucionais internos e externos destinados a reforçar e a formalizar de forma mais ou menos clara as posições institucionais do Islão radical como um país interno (individual, cazaque) e como parte integrante do país global. O facto de o Cazaquistão ser um importante objeto estratégico da atividade dos extremistas a nível mundial é confirmado, por exemplo, pelo facto de "um dos mais importantes comandantes de campo de Bin Laden, Abu Leit al-Libi, ter sido "uma espécie de "Representante Autorizado da liderança da Al Qaeda na Ásia Central" antes da sua morte em 2008" [5, p. 73]. [5, c. 73]. Sem dúvida, as actividades missionárias dos radicais e os seus resultados mostram as posições estáveis que assumiram na regulação da esfera religiosa de uma certa parte da sociedade cazaque. Apesar de todos os esforços do Estado e do público, a sua redução quantitativa e qualitativa é extremamente lenta. Por exemplo, no relatório analítico baseado nos resultados do estudo sociológico "Evolução de um islamista no Cazaquistão - de um crente comum a um terrorista", realizado pelo pessoal do Centro de Programas de Segurança e da Fundação Pública "Centro de Investigação Social e Política "Estratégia" em 2013, a maioria dos condenados por crimes extremistas e terroristas, apesar de terem abandonado as opiniões radicais, ainda não abandonam uma compreensão não convencional do Islão. "De acordo com os resultados das entrevistas, entre os condenados até hoje continuam comprometidos com as ideias do salafismo, que glorifica a vida de acordo com a Sharia e não reconhece o Islão tradicional. É evidente que, neste caso, as ideias do Islão fundamental se transformaram numa atitude de vida, e o Estado islâmico é um estado ideal em que "eles" (*autor*) querem viver"" [6, C. 11]. Um cenário indesejável de institucionalização do islamismo radical, onde a essência das instituições sociais pode ser encontrada nos sujeitos e ações atuantes, e a presença e expansão, mesmo ao nível das regiões (principalmente no sul e oeste da República do Cazaquistão), da comunidade de cidadãos radicalizados, ao longo do tempo pode levar à formação de ação coletiva, que forçará os indivíduos a adaptar suas linhas de comportamento às novas condições. No fundo, podemos acabar por ter um ambiente institucional sem controlo.

Em segundo lugar, os objectivos dos actos terroristas não se limitam à intimidação em massa e à autopromoção, como muitas pessoas afirmam. Os actos terroristas cometidos no território da República dão conteúdo institucional não só ao Islão radical realmente existente (como instituição sócio-política), mas também à sua imagem ideal encarnada na perceção popular e, claro, na famosa mitologia política. Na imagem estática resultante, só resta a consequência - um organismo relativamente unificado e racionalmente ativo que se esforça por atingir os seus objectivos auto-estabelecidos. As relações sociais interinstitucionais que criaram o próprio espaço em que o "núcleo radical" é capaz de operar e do qual deriva os seus objectivos - o ambiente institucional - são ignoradas.

Em terceiro lugar, a radicalização do Islão refere-se a processos ocultos. Como sabemos, existem processos explícitos e ocultos na esfera política. A formação e as actividades dos radicais são postas em marcha por instituições ou grupos sociais que não têm uma formalização legal adequada, por interações entre partes constituintes da sociedade civil em pequena escala. Por conseguinte, mesmo uma nova legislação no domínio das relações entre o Estado e as confissões não pode resolver o problema na sua totalidade. As autoridades enfrentam um dilema difícil: por um lado, uma legislação mais rigorosa pode levar a uma maior radicalização e conspiração dos islamistas, enquanto, por outro lado, o enfraquecimento do controlo não passará despercebido aos radicais e será utilizado por estes para os seus próprios fins.

Quanto ao Islão tradicional, a nova situação histórica desempenhou um papel duplo. Por um lado, os processos de democratização e a correspondente base normativo-legal deram ao Islão a oportunidade de formar a sua nova "construção", que tinha de se enquadrar no curso geral do desenvolvimento sociopolítico, socioeconómico e espiritual da sociedade, proporcionando uma oportunidade de construir a sua própria versão, talvez a mais ampla de toda a história do Cazaquistão, de relações de acordo com a fórmula "religião - sociedade - estado". Por outro lado, é o Islão tradicional que se tornou objeto de censuras por parte do público em geral, por tolerar a radicalização do Islão. Estas censuras vão desde a "indiferença silenciosa" dos tradicionalistas até à acusação de uma certa "ajuda indireta" à radicalização da religião. Esta última baseia-se nos factos da delegação descontrolada de candidatos para estudar em instituições de ensino islâmicas estrangeiras, bem como nos sermões de extremistas (por exemplo, Said Buryatsky) nas mesquitas.

É claro que não concordamos com esta afirmação da questão. Procurar o culpado é a coisa mais fácil de fazer e, se nos mantivermos nessa posição, arriscamo-nos a repetir o erro do fatalismo "soviético", e é difícil e assustador prever o que acontecerá à fé tradicional num tal cenário. Além disso, a procura de culpados é um indicador da dogmatização do poder político do Estado. Na fase atual, nas condições de formação e reforço de instituições democráticas representadas por associações públicas e organizações religiosas, será natural e apropriado aplicar novas tecnologias políticas para desmistificar as células radicais e as suas actividades com o envolvimento do público em geral. Já existem tentativas e alguns resultados neste domínio.

Uma questão importante é a relação institucional entre o Islão radical e o Islão tardio. Do ponto de vista da teoria religiosa, o Islão tradicional ignora as conclusões dos radicais, considerando-os assim diletantes no domínio da teologia, que se baseiam nos factos e dogmas de que necessitam para construir a sua ideologia. No Cazaquistão, a DUMK está a combater o radicalismo nesta direção. Para além disso, o DUMK, juntamente com os gabinetes do Ministério dos Assuntos Religiosos, organiza eventos dedicados a explicar os conceitos de secularismo ao público em geral. Assim, o Estado, ao dar preferência à liderança oficial dos muçulmanos do Cazaquistão, expõe o DUMK como um "porta-voz" das relações entre o Estado e as confissões na república. Esta institucionalização do Islão tradicional no espaço da política contribui para aumentar a autoridade do DUMK, não só como organização religiosa, mas também como instituição sociopolítica, reforça o fosso entre o Islão radical e o tradicional e desloca certamente o DUMK para o centro do sistema político.

Assim, a aplicação da abordagem institucional mostra alguns aspectos essenciais da radicalização do Islão no Cazaquistão e revela as caraterísticas das tecnologias políticas na esfera das relações entre o Estado e as confissões. A radicalização do Islão é um fenómeno multidimensional, e uma aplicação mais eficaz da metodologia institucional no seu estudo requer um maior desenvolvimento.

Literatura

1. Drinova E.M. Geopolítica confessional e processos Politização da religião // Boletim da Universidade Estatal de Volgogrado. Série 7: Filosofia. Sociologia e tecnologias sociais. №2, 2008. - C. 214-218;
2. Dicionário enciclopédico filosófico. - Moscovo: Enciclopédia Soviética. Editor-chefe: L.F. Ilyichev, P.N. Fedoseev, S.M. Kovalyov, V.G. Panov. 1983. [Recurso eletrónico]. - URL: http://dic.academic.ru/dic.nsf/es/137391/радикализм. (Data de circulação 27.01.2015);
3. Hajibekov R.G. Factores internos de influência nos processos de politização e radicalização do Islão na Federação Russa: dissertação ... Candidato a professor de ciências políticas: 23.00.02 / Hajibekov

   Ruslan Gadzhibekovich; [Local de defesa: Academia Russa de Economia Nacional e Administração Pública sob a égide do Presidente da Federação Russa]. - Rostov-on-Don, 2013.- 177 p.: ill. RGB OD, 6114-23/62 . [Recurso eletrónico]. - URL: http://www.dslib.net/polit-instituty/vnutrennie-faktory-vlijanija-na-processesy-politizacii-i-i-radikalizacii-islama-v.html (Data do endereço 28.01.2015 г.);

4. Luke G.A. Social innovation design in regional youth policy. Samara: Izd-vo "Universidade de Samara", 2003. - 278 c.;
5. Karin E. "Soldados do Califado": Myths and Reality" (Mitos e Realidade). Almaty 2014. - 173 c.;
6. "Evolution of an Islamist in Kazakhstan - from an ordinary believer to a terrorist" (Relatório analítico sobre os resultados da investigação sociológica). Centro de Programas de Segurança e Fundação Pública "Centro de Investigação Social e Política "Estratégia", - Almaty 2013, 13 p.

PARA A POLITIZAÇÃO DO ISLÃO NO CAZAQUISTÃO: ESSÊNCIA E TENDÊNCIAS

Resumo: São consideradas as principais formas do processo de politização do Islão no Cazaquistão, as suas caraterísticas essenciais e as suas principais tendências. Apresenta-se o conceito de politização do Islão e a sua classificação no contexto do desenvolvimento das relações Estado-confessionais na República do Cazaquistão.

Conceitos-chave: religião, politização, Islão, radicalismo.

As lutas políticas contemporâneas giram em torno de duas questões inter-relacionadas: recursos e centros de decisão. A expropriação dos recursos ou a exclusão da participação nas decisões são os dois principais indicadores de desvantagem social. E uma vez que o "recurso" na sociedade pós-industrial passou a ser não só os meios tradicionais, mas também a educação, a ciência, os cuidados de saúde, a cultura, o lazer, a política perdeu a sua correlação direta com as chamadas "relações de produção"; o grupo de interesse e o grupo de pressão (isto é, aqueles que reclamam uma parte dos recursos e aqueles que reclamam participar nas decisões) surgem em todas as esferas [11, p. 283]. O aparecimento destes grupos está diretamente relacionado com o processo de politização das relações sociais.

A politização faz explodir a vida quotidiana, torna óbvio o fracasso das abordagens habituais para resolver os problemas existentes, legitima a ignorância de regras e normas previamente estabelecidas e obsoletas. Não só pressupõe, mas também justifica a utilização de meios e métodos extraordinários de fazer negócios [4, p. 80].

Ou seja, a politização implica o movimento do campo político ou dos significados políticos para outras esferas da realidade social, atualizado numa determinada fase histórica. Nas condições modernas, praticamente todas as esferas da vida social estão sujeitas à politização. Uma das principais razões é a compensação do fator poder na política moderna por tecnologias sociais mais suaves - económicas, espirituais, informativas. Para além do acima exposto, a politização é também uma tecnologia de gestão das relações sociais.

O famoso pensador da Nova Era Sh. Montesquieu considerou o papel da religião como um dos factores efectivos de influência na organização da vida social [3, p. 53]. Para identificar a essência da politização da religião, a abordagem sociocêntrica é complementada pela antropocêntrica.

A investigação antropológica moderna confirmou a velha verdade: o homem é um ser metafísico e religioso, que procura um sentido [12, p. 53]. Segundo O. Comte, a religião permite uma tripla divisão inerente à natureza do homem. Inclui um aspeto intelectual, o dogma; um aspeto afetivo, o amor, que se exprime num culto; e um aspeto prático, a que Comte chama "modo". O culto ordena os sentimentos; o modo ordena o comportamento pessoal ou social dos crentes. A religião reproduz em si mesma a diferenciação da natureza humana: geradora de unidade, deve apelar simultaneamente à razão, ao sentimento e à ação, isto é, a todas as faculdades humanas [14, p. 116]. A consciência religiosa está incluída na vasta esfera do imaginário (ideias, crenças, percepções, símbolos, imagens), e é impossível expulsar desta esfera o religioso, actuando nela como igual a outras dimensões "específicas", incluindo a política [17, p. 256].

A este respeito, é interessante a definição dada no dicionário de Westminster, onde a politização é entendida como a atribuição de um carácter político a acções ou linhas de comportamento [5].

A politização da religião enquanto instituição social e objeto de relações sociais é predeterminada pela universalidade do poder político. Segundo A.

Strizoe, no seu domínio (o poder político) pode estar qualquer sujeito social e qualquer problema (desde a reputação pessoal e as caraterísticas técnicas do produto, até às disputas religiosas, artísticas ou científicas) [15, c. 280].

Alguns autores observam que a própria separação das entidades religiosas das instituições políticas já contém a raiz de considerações políticas independentes [1, p. 4-5].

A política influencia a religião, regulando a vida pública, criando limites legais para a sua atividade vital, formando um clima de respeito mútuo e tolerância entre as comunidades confessionais, protegendo os direitos dos cidadãos à liberdade de consciência, bem como regulando o estatuto legal das organizações religiosas. Por sua vez, o processo político desenvolve-se e é condicionado não só pelos limites das relações de forças políticas existentes e pela natureza do sistema político, mas também pelos ideais e princípios espirituais formados na sociedade. Estes últimos, aliás, são determinados na sociedade pelos ensinamentos religiosos [11, p. 45]. Consequentemente, a religião, sendo um elemento puramente subjetivo da existência humana, pode afetar não só os valores, crenças e emoções das pessoas, mas também determinar o seu comportamento na esfera das relações políticas.

Além disso, de acordo com a ciência política, a religião desempenha 4 funções principais na esfera política: 1. Função legítima, é desempenhada pela religião quando a posição religiosa apoia ou, pelo contrário, sitia o poder, as suas ideias ou acções. 2. Função representativa, consiste na expressão e proteção dos interesses de algum grupo de pessoas por parte das organizações religiosas que actuam como sujeitos da política. 3. Função diferenciadora, estipula a existência de limites de divisão das esferas de influência das diferentes religiões. 4. Função integradora, que se manifesta na realização do enorme potencial integrador da religião [1, p. 5].

Assim, a religião e a política estão em estreita inter-relação, servindo-se mutuamente e desempenhando papéis complementares consoante a situação. No caso do Cazaquistão moderno, convém recordar que, num país onde a religião foi "ilegalizada" durante muitos anos, mesmo o Islão, enquanto religião da etnia indígena, não pode ser objeto de um "diálogo entre iguais". O Estado tem uma vantagem, mesmo apesar da dinâmica da religiosidade da população. Por exemplo, de acordo com os resultados de um inquérito social entre os jovens em 2016 à pergunta "Considera-se crente?" 71% dos inquiridos responderam positivamente, entre os quais 73,5% eram cazaques. À pergunta "O que o levou à fé?" 57,9% responderam: "A educação na família". Assim, 14% dos jovens inquiridos chegaram à religião de forma consciente e independente e a sua socialização religiosa teve lugar independentemente da educação familiar

É claro que seria errado falarmos da religiosidade dos cidadãos apenas com base numa pergunta, mas, no entanto, a elevada percentagem de respostas positivas já mostra a atitude e a simpatia da sociedade, em particular dos jovens, em relação à religião em geral.

A politização das actividades das confissões e grupos religiosos, sublinha no seu resumo D.G. Mirzakhanov, exprime-se no desejo de algumas figuras religiosas de alargarem a sua influência na esfera das relações políticas, da cultura e da educação, na exigência de revisão e no desrespeito direto das disposições da legislação da Federação Russa sobre a separação das associações religiosas do Estado. A forma extrema e mais perigosa de politização da religião e de clericalismo expresso é a manifestação de extremismo religioso e político [10, p.5].

E.M. Drinova observa: "Os mecanismos que causam as processos mudanças e transformações do espaço etno-confessional devem ser objeto de uma análise abrangente. Um desses mecanismos foram os processos de politização da religião, associados à sacralização do poder do Estado, à expansão religiosa, aos conflitos etno-confessionais de partidarismo confessional" [5, p. 214-215] [5, c. 214-215].

À luz do problema que delineámos, as posições apresentadas podem ser aplicadas a muitos factos espaciais e temporais de interação entre o Estado e a religião, dividindo-os condicionalmente em três categorias: 1. O desejo de algumas figuras religiosas de alargarem a sua influência na esfera das relações políticas, da cultura e da educação, da sacralização do poder do Estado; 2. A exigência de revisão e de ignorância direta das disposições da legislação na esfera da religião; 3. Manifestação de extremismo político-religioso, cuja consequência pode ser conflitos etno-confessionais e expansão religiosa. Ao mesmo tempo, cada opção subsequente é socialmente mais "perigosa".

Com base no que precede, consideramos que, nas actuais condições de renovação do Islão, é aconselhável diferenciar o processo da sua politização pelo grau de influência das ideias islâmicas e islamistas, das actividades das organizações relevantes e das figuras religiosas muçulmanas no sistema político.

É de notar que os processos que ocorrem na esfera do Islão são designados de forma diferente pelos estudiosos - "renascimento do Islão", "regresso do Islão", "renovação islâmica", "reislamização" e outros. Concordamos com a opinião de D. Wilkowski na designação destes processos como "renovação islâmica" ou "reislamização", em que "renovação" significa não só a legitimação do Islão oficial e o seu registo administrativo sob a forma da Administração Espiritual dos Muçulmanos do Cazaquistão, mas também o aparecimento de organizações religiosas, como associações de jovens e de mulheres, que não existiam antes, bem como o desenvolvimento do sistema de educação religiosa. O fenómeno da renovação islâmica inclui também a presença dos chamados factores exógenos na vida islâmica do país, mais precisamente a presença de fundações e organizações islâmicas estrangeiras, principalmente árabes, que financiam e apoiam materialmente os movimentos islâmicos emergentes [2, p. 22-23].

Usando a Rússia como exemplo, E.M. Drinova identifica os seguintes modelos de politização do Islão:

"O desenvolvimento do modelo secular do Islão. Este modelo caracteriza-se pela natureza declarativa do renascimento islâmico e por um elevado nível de tolerância entre muçulmanos e ortodoxos. Simultaneamente, o aparecimento de novas orientações de valores, em regra externas, levou a uma aproximação significativa entre nacionalistas e figuras religiosas muçulmanas. Em consequência, na década de 1990, surgiram na república organizações políticas islâmicas radicais que, segundo R. Mukhametshin, num futuro distante poderão conduzir à formação de outro modelo de fundamentalismo islâmico;

- formação de um modelo de radicalismo islâmico (Daguestão, Karachay-Cherkessia, Kabardino-Balkaria). Os processos de radicalização do Islão estiveram associados ao aparecimento de um grande número de organizações educativas e missionárias do Próximo e Médio Oriente. A ambição política dos líderes dos movimentos ultra-radicais, a ideologia irreconciliável, a incapacidade de avaliar adequadamente a situação e a falta de experiência política - tudo isto levou ao facto de o movimento islâmico se ter desacreditado seriamente aos olhos da população.

A ideia de uma unidade simbiótica entre o "nacionalismo ortodoxo" russo e os partidos islâmicos foi posta em prática na formação do modelo seguinte, que nunca chegou a ter uma conclusão lógica.

As tendências semelhantes de desnacionalização do Islão são mais evidentes nas repúblicas pós-soviéticas da Ásia Central" - resume o autor [5, p. 217-218].

Com basc na tipologia proposta e aplicando a abordagem estrutural-funcional, justificámos os seguintes modelos de politização do Islão no Cazaquistão:

- Um modelo secular que inclui dois submodelos:

1. *Simbiose.* O comportamento político é frequentemente determinado por valores religiosos, a política externa e interna dos Estados é construída de acordo com interesses religiosos. No entanto, por outro lado, a utilização do mecanismo de manipulação da opinião pública com a ajuda de conceitos religiosos está a tornar-se cada vez mais popular, a religião é explorada no interesse das elites governantes, em particular, no domínio do aumento da sua própria legitimidade [11, p. 45].

Este processo pode ser caracterizado da seguinte forma. A religião, que não pretende, pelo menos abertamente, participar nas interações políticas, envolve-se nelas por "sugestão", por iniciativa das elites políticas. O tom desta "sugestão" pode ser bastante diferente - de benevolente e cortês a intransigente e ordeira. Embora a primeira opção se concretize mais frequentemente, uma vez que qualquer religião ou figura religiosa não perderá a oportunidade, como já foi referido, "de alargar a sua influência na esfera das relações políticas, da cultura e da educação". Simultaneamente, o poder político constrói relações de modo a impedir que o poder religioso aumente sobre as massas, mantendo a sua posição dentro de limites razoáveis. Por "limites razoáveis" entendemos um estado de relações Estado-confessionais que satisfaça as expectativas do poder político estatal.

De acordo com A. Sultangalieva, no Cazaquistão, o fenómeno do "Islão oficial" é um produto da política soviética de controlo da religião, que acabou por transformar as estruturas religiosas num dos organismos quase estatais para os "assuntos religiosos". A Administração Espiritual dos Muçulmanos do Cazaquistão (DUMK) era, na sua estrutura, uma cópia da SADUM (Administração Espiritual dos Muçulmanos da Ásia Central e do Cazaquistão), da qual foi separada. As estruturas do Islão organizado são apoiadas oficiosamente pelas autoridades, e este modelo de relações entre o Estado e o Islão está generalizado em muitos países pós-soviéticos. Na literatura, esta tendência é designada por "cooptação" do Islão organizado pelo Estado. O Mufti acompanha normalmente os principais dirigentes do país em eventos oficiais e o Estado financia uma série de projectos relacionados com as actividades do DUMK, tais como subsídios para a educação religiosa. Os organismos estatais locais consideram a assistência aos Muftiyat como uma das suas responsabilidades. Na sua forma atual, as instituições do Islão organizado tornaram-se, na verdade, "departamentos" das autoridades estatais para trabalharem na esfera religiosa [16, p. 126-127]. A prova mais evidente deste facto é o aumento do número de mesquitas em todo o país. Atualmente, existem 2415 mesquitas no Cazaquistão, contra 68 em 1991[1] . Ao mesmo tempo, há casos em que a construção de mesquitas em zonas escassamente povoadas se depara com o problema de fornecer pessoal religioso com formação.

Numa reunião com representantes da Administração Espiritual dos Muçulmanos do Cazaquistão, o Chefe de Estado Nursultan Nazarbayev apelou à nova direção da DUMK para que reforçasse as tradições de compreensão mútua, tolerância e tolerância religiosa, juntamente com outras associações religiosas. "Além disso, é necessário continuar a trabalhar no reforço da harmonia inter-étnica e inter-confessional"[*][†]. "O Islão deve fazer sempre o bem. Um muçulmano não deve prejudicar ninguém por palavras ou actos, o Islão apela à unidade e não à divisão, apela à calma e à paz"[‡] - observou o Presidente.

Como se vê, o Estado, tendo assumido o dever de tutela da religião, deixa de a encarar como um elemento da vida privada para a trazer para a esfera da política.
Aqui são utilizados vários métodos de influência e a religião participa ativamente na realização dos "assuntos terrenos".

Assim, é legítimo concluir que algumas funções do Estado, por exemplo, a função de integração da sociedade, estão a deslocar-se para a esfera religiosa e, consequentemente, o Islão está a ser formalizado como um elemento tácito do sistema político. A integração, como já foi referido, é uma propriedade constitutiva da própria religião. No entanto, no contexto das relações Estado-confessionais, adquire novas tonalidades, entre as quais, por exemplo, a integração para combater os cultos destrutivos no seio do Islão. Trata-se de uma tarefa muito complexa, em que a religião deve combinar a integração religiosa (com o objetivo de salvar as almas) e a integração mundana, com o objetivo de

[*] Associações religiosas no Cazaquistão. Livro de referência. "Centro de Investigação de Problemas Religiosos" do Departamento de Assuntos Religiosos do Akimat da região de Kostanay. Kostanaipolygraphy LLP, p. 11

[†] Nazarbayev N.A. A adesão ao Islão não deve ser um tributo à moda [Recurso eletrónico] / N.A. Nazarbayev // nur.kz: edição em rede // URL: http://www.nur.kz/250904.html (data de acesso: 18.01.2016)

[‡] Nazarbayev N.A. O Islão apela à unidade [Recurso eletrónico] / N.A. Nazarbayev // Zakon kz: edição em rede // URL: http://www.zakon.kz/4520976-n.nazarbaev-islam-prizyvaet-k-edinstvu.html (data do endereço: 18.01.2016)

salvar toda a sociedade e o Estado. Atualmente, a DUMK, juntamente com o Ministério dos Assuntos Religiosos e da Sociedade Civil, trabalha em estreita colaboração para combater o extremismo religioso e promover as ideias do secularismo.

2. *Sub-modelo de conflito.* Acreditamos que aqui devemos concentrar-nos no desenvolvimento das relações Estado-confessionais no contexto de um determinado regime político. Em particular, esta opção é actualizada nas condições de trânsito político nos países pós-soviéticos que enveredaram pelo caminho da democratização.

Numa das suas obras, Alma Sultangalieva observa que os países da Ásia Central adoptaram leis que controlam, em maior ou menor grau, as actividades das associações religiosas. Em muitos aspectos, trata-se de uma continuação da política soviética de domínio dos procedimentos proibitivos [Citado em 14, p. 275]. Um dos acontecimentos políticos importantes que causou grande ressonância foi a adoção pelos Majilis do Cazaquistão, em 22 de setembro de 2011, da lei "Sobre a atividade religiosa e as associações religiosas", cujo artigo 7.º "causou resistência mesmo entre os representantes das confissões tradicionais" [Citado em 18, p. 275]. [Citado em 18, p. 276]. A exigência de revisão e desrespeito direto das disposições da legislação no domínio da religião comporta um certo grau de potencial de conflito, e "qualquer desobediência da religião às autoridades já lhe confere alguma conotação política" [1, p. 4]. [1 ,c. 4]. Analisando a atitude do Islão oficial em relação à nova lei, podemos concluir que, em algumas situações, as posições das figuras muçulmanas assumem um carácter disfuncional em relação à política estatal na esfera da religião. Esta situação tem um impacto negativo tanto na imagem do Estado como na imagem da DUMK.

— **um modelo de radicalismo político-religioso** ,

camuflada pelo Islão.

Na ciência moderna, o radicalismo (do latim tardio radicalis - radical, do latim radix - raiz) é entendido como:

— ideias e acções sociopolíticas destinadas a alterar decisivamente as instituições existentes;

— desenvolvimento acelerado e mais decisivo de qualquer processo, fenómeno, etc. [19];

— o radicalismo implica uma rutura com a tradição reconhecida.

É utilizado nos movimentos reformistas moderados. Este termo é frequentemente utilizado como sinónimo na literatura académica sobre os problemas do islamismo, juntamente com termos como politização do Islão, extremismo, terrorismo.

Neste artigo, entendemos a radicalização do Islão como "um processo político baseado na doutrina ideológica do Islão radical (islamismo), que envolve a implementação de práticas políticas específicas diferenciadas - desde a implementação do chamado "apelo islâmico" (radicalismo moderado) até à condução total de acções subversivas e terroristas contra os "inimigos do Islão", justificando-a com a "luta pela fé" - jihad -, com vista à construção de um Estado islâmico e à introdução da Sharia. (radicalismo moderado) a acções subversivas e terroristas totais contra os "inimigos do Islão", justificando-as com a "luta pela fé" - jihad, a fim de construir um Estado islâmico e a introdução da Sharia (ultra-radicalismo)" [3]. [3].

Os peritos consideram que a metamorfose extremista no Cazaquistão ocorreu com o aparecimento do salafismo no nosso país. Esta tendência promove uma ideologia alternativa ao Islão tradicional, procura desunir e dividir os crentes segundo linhas confessionais e critica as ordens sociais e as normas morais existentes. Ao mesmo tempo, o salafismo não é homogéneo na sua essência e tem muitos pontos de vista semelhantes e radicalmente diferentes [13, p. 31]. Consequentemente, a atitude em relação à política e a manifestação da política no Salafismo são também heterogéneas.

Neste modelo, propomos distinguir os seguintes sub-modelos:

1 - sub-modelo fundamentalista.

Para o caraterizar, recorramos à definição de fundamentalismo no Islão proposta por R. Landa. Na sua opinião, o fundamentalismo é, antes de mais, uma invariante da ideologia religiosa, não uma prática e muito menos uma política. Pode ser definido como uma utopia ideológica e, ao mesmo tempo, como uma tentativa de expressar a singularidade da civilização islâmica" e como uma forma de "auto-afirmação do Islão como sistema sócio-cultural". Como e para que fins os islamistas utilizam esta ideologia é outra questão. No entanto, parece bastante razoável o ponto de vista expresso pelo académico E.M. Primakov, um académico árabe-orientalista familiarizado com os estudos islâmicos, que declarou no outono de 1996 que "não equiparamos o fundamentalismo islâmico ao extremismo islâmico" [8, p. 42]. [8, c. 42]. A principal razão da popularidade do salafismo reside no facto de ter sido uma reação às limitações do Islão tradicional, à sua incapacidade de dar respostas à vida aguda, incluindo as questões políticas. A emergência do salafismo era inevitável e a migração islâmica contribuiu para isso [9].

O fundamentalismo é o limite para além do qual a religião se transforma numa espécie de ideologia política. Embora muitos académicos, tanto nacionais como estrangeiros, considerem que o Islão é essencialmente uma ideologia. Nós não concordamos inteiramente com esta opinião. A questão da relação entre religião e ideologia é um tema vasto e, para mostrar brevemente a nossa posição, consideramos apropriado referir a opinião de A. A. K. Kovalev.

Kosichenko, que afirma o seguinte: "A relação do homem com Deus como conteúdo central e essência da religião retira-a de uma série de ideologias e coloca-a acima delas. Todas as ideologias constroem ligações horizontais entre os seus sujeitos, mesmo nas ideologias totalitárias, e a religião, por definição, é uma vertical "Deus - homem", e a presença de Deus nesta vertical faz da religião um processo de crescimento espiritual do homem para Deus, o que é muito mais do que qualquer ideologia" [7, p. 82]. [7, c. 82].

A este sub-modelo referimo-nos aos representantes do Islão que são chamados "simpatizantes". Os "simpatizantes" são cidadãos que foram (ou são - nota do autor) membros do jamagat (radicalização - nota do autor), que ajudam material e intelectualmente os seus outros membros, mas que não têm intenções criminosas§. Por sua vez, estas pessoas são os principais condutores da ideologia radical, missionários voluntários que têm um sério impacto na cultura política da população, no sentido mais lato. O fundamentalismo é a base para o surgimento do extremismo religioso e político e do terrorismo, que representam o seguinte submodelo.

2 - extremismo religioso e político e terrorismo.

Esta forma (extrema, radical) de politização da religião está associada principalmente ao uso deliberado da violência política e tem como objetivo desestabilizar ou destruir as estruturas políticas básicas de uma determinada sociedade, derrubando a ordem constitucional [13, p. 31]. A ideologia desenvolvida pelos fundamentalistas não é apenas divulgada e popularizada, mas é posta em prática.

De acordo com E. Karin, se no início da década de 2000 a ameaça terrorista na Ásia Central estava largamente associada às actividades de grandes associações como a IMU (Movimento Islâmico do Uzbequistão - autor) e a SID (União da Jihad Islâmica - autor), no período de 2010-2013 começaram a surgir pequenos grupos terroristas étnicos ligados a um determinado país. A emergência destes grupos deu a alguns peritos razões para falar da institucionalização da ameaça do terrorismo nas repúblicas [6, p. 163]. As actividades de todas as organizações extremistas pró-islâmicas conhecidas no Cazaquistão são proibidas por lei. Os extremistas religiosos dominam rapidamente os métodos de conspiração e são incorporados numa extensa rede baseada em níveis hierárquicos e pequenas células de membros comuns de nível inferior.

A dinâmica de crescimento da religiosidade da população levou a um aumento do fator etno-confessional, no seio do qual a religião passou a desempenhar as funções de instrumento de consolidação social e mesmo de

§ Evolução de um islamista no Cazaquistão - de um crente comum a um terrorista (Relatório analítico sobre os resultados da investigação sociológica) [Texto] / Centro de Programas de Segurança e Fundação Pública "Centro de Estudos Sociais e Políticos "Estratégia". Almaty, 2013. 13 c.

mobilização política [2, p. 69].

A paleta religiosa "mosaico" complica a vida espiritual do país, dá origem a sintomas alarmantes causados pela crescente suscetibilidade da população à influência religiosa, expansão das funções sociais das associações religiosas, reforço das actividades missionárias e ideológicas no Cazaquistão das organizações de caridade. Estes factores podem levar à polarização da visão do mundo da população, por um lado, e a uma tentativa de unificar a visão do mundo - por outro lado; reforçando a luta entre tradicionalistas e modernistas; entre crentes tolerantes e apoiantes do fanatismo e do extremismo [2, p. 75]. A concorrência inter e intra-confessional não se limita a afetar a sociedade, mas torna-se parte integrante do processo sócio-político e tem um impacto na cultura política.

Com base no que precede, propomos a seguinte definição de politização do Islão, que reflecte as especificidades deste processo em alguns países pós-soviéticos e, em particular, no Cazaquistão. A politização do Islão é um fenómeno caracterizado por processos contrários, determinados, por um lado, pelas actividades das instituições do poder político estatal e, por outro lado, pelas organizações islâmicas, cujo principal resultado é a atualização dos significados políticos na teoria e prática islâmicas e, consequentemente, a disseminação da influência islâmica em todas as esferas da sociedade.

1. Aktaulova B., Sapanova S. Sobre a politização do Islão na Ásia Central: essência, causas, consequências [Texto] / B. Aktaulova, S. Sapanova // Bulletin of KazNU. Série de Estudos Orientais. 2012. №1 (58). C. 3-8.

2. Vilkovski D. Organizações árabe-islâmicas no Cazaquistão moderno: influência externa no renascimento islâmico: Monografia [Texto] / D. Vilkovski. Astana - Almaty: IMEP na Fundação do Primeiro Presidente, 2014. 192 c.

3. Hajibekov R.G. Factores internos de influência nos processos de politização do Islão na Federação Russa. - Tese do autor ... Cand. de ciências políticas / R.G.

Gadjibekov; Ros. akad. nar. khozyaistva i gosudarstvennosti servis sob o Presidente da Federação Russa. - Rostov-on-Don, 2013. [Recurso eletrónico] // DSLIB.NET: Bibl. de dissertações. URL: http://www.dslib.net/polit-instituty/vnutrennie-faktory-vlijanija-na-processy- politizacii-i-i-radikalizacii-islama-v.html (data de referência: 28.01.2015).

4. Danilov, M.V. Modelos de politização das relações públicas [Texto] / M.V. Danilov // Izvestiya Sarat. un-ta. Nov. ser. Ser. Sociologia. Politologiya. 2014. T. 14, vol. 1. P. 80-83;

5. Drinova, E.M. Confessional geopolitics and processes of politicization of religion [Texto] / E.M. Drinova // Boletim da Universidade Estatal de Volgogrado. Série 7: Filosofia. Sociologia e tecnologias sociais. 2008. № 2. C. 2014-2018.

6. Karin E. "Soldados do Califado": Mitos e realidade. [Texto] / E. Karin. Almaty, 2014. 173 c.

7. Kosichenko A.G. Religious consciousness of Kazakhstanis and the problems of improving religious policy in the Republic of Kazakhstan // Kazakhstan, aspiring to the future: materials of the scientific-practical conference (Almaty, December 10, 2013) / Ed. by B.K. Sultanov. - Almaty: KISI sob a égide do Presidente da República do Cazaquistão, 2013. - C. 71-83.

8. Landa R.G. O Islão político: resultados preliminares. Edição científica. [Texto] / R.G. Landa. Moscovo: Instituto do Médio Oriente, 2005. 286 c.

9. Malashenko A., Working Materials of the Program "Religion, Society and Security" [Recurso eletrónico] // URL: http://carnegie.ru/2015/04/23/ru-59854/i7pc (data de envio: 31.10.2016).

10. Mirzakhanov D.G. Caraterísticas da politização da comunidade islâmica do Daguestão na fase atual. - Dissertação do autor ... ... Cand. de ciências filosóficas / D.G. Mirzakhanov; Universidade Estatal do Daguestão. - Makhachkala, 2005. [Recurso eletrónico] // URL: http://www.dissercat.com/content/osobennosti-politizatsii-islamskoi-obshchiny-dagestana-na-sovremennom-etape

(data)

circulação: 18.01.2016).

11. Pavlovnin, M.S. Interação da religião e da política no espaço político moderno [Texto] / M.S. Pavlovnin // Boletim da Universidade Estatal de Tomsk. 2012. № 359. C. 44-46.

12. Panarin A.S. Filosofia da Política. Livro de texto para faculdades de ciências políticas e universidades humanitárias [Texto] / A.S. Panarin. Moscovo: Nova Escola, 1996. 424 c.

13. Combate ao extremismo religioso e à atividade terrorista no Cazaquistão (manual metodológico) [Texto] / KSU "Centro de Investigação de Problemas Religiosos" do Departamento de Assuntos Religiosos do Akimat da região de Kostanay. Executor: Associação pública "Sotsium & Ya". - Kostanay, 2015: - 80 p.

14. Raimon A. Stages in the Development of Sociological Thought [Texto] / A. Raimon. ed. e prefácio de P.S. Gurevich. Moscovo: Grupo Editorial "Progresso" - "Política", 1992. 608 c.

15. Strizoe, A.L. Política e sociedade: aspectos sócio-filosóficos da interação [Texto] / A.L. Strizoe. Volgogrado: Universidade Estatal Izd-v Volgograd, 1999. 319 c.

16. Sultangalieva A.K. "Regresso do Islão" no Cazaquistão [Texto] / A.K. Sultangalieva. Almaty: Fundo "Altynbek Sarsenbayuly", 2012. 170 c.

17. Teryoshina, E.A. O conceito de politização da religião [Texto] / E.A. Teryoshina // Notas Científicas da Universidade de Kazan. Humanidades. 2012. Vol. 154, Livro 1. P. 254-260.

18. Tuiganov, M.S. Tendências do renascimento do Islão no Cazaquistão no contexto das transformações democráticas [Texto] / M.S. Tuiganov // Destinos das culturas nacionais no contexto da globalização: Actas da III conferência científica interna - Chelyabinsk, 2015. - C. 273-277.

19. Dicionário enciclopédico. Radicalização [Recurso eletrónico] / Academician: electronic

dictionary// .

URL:http://dic.academic.ru/dic.nsf/es/137391/радикализация(data do endereço :
27.01.2015 г.).

Referências

1. Aktaulova B., Sapanova S.O (2012) *Vestnik KazNU. Serija vostokovedenia, n.º* 1 (58), pp. 3-8 [em russo].

2. Vil'kovski D. (2014) Arabo-islamskie organizacii v sovremennom Kazahstane: vneshnee vlijanie na islamskoe vozrozhdenie, Astana - Almaty, IMJeP pri Fonde Pervogo Prezidenta, 192 p [em russo].

3. Gadzhibekov R.G. (2013) DSLIB.NET: Bibl. Dissertacij, disponível em: http://www.dslib.net/polit-instituty/vnutrennie-faktory-vlijanija-na-processy-politizacii-i-i-radikalizacii-islama-v.html (acedido em 28.01.2015 g.) [em Rus].

4. Danilov M.V. (2014) *Izvestiya Saratovskogo universiteta. Novaya seriya. Seriya Sotsiologiya. Politologiya,* T. 14, no. 1, pp. 80-83 [em russo].

5. Drinova E.M. (2008) *Vestnik Volgogradskogo gosudarstvennogo universiteta. Série 7: Filosofia. Sociologija i social'nye tehnologii,* no. 2, pp. 2014-2018 [em russo].

6. Karin E. (2014) "Soldaty Halifata": Mify i real'nost', Almaty, 173 p. [em russo].

7. Kosichenko A.G. (2013) Religioznoe soznanie kazahstancev i problemy sovershenstvovanija religioznoj politiki v Respublike Kazahstan [Texto] // *Sostojavshijsja Kazahstan, ustremlennyj v budushhee: materialy nauch.-praktich. konf.*, pp 71-83.

8. Landa R.G. (2005) Politicheskij islam: predvaritel'nye itogi, Moskva: Institut Blizhnego Vostoka, 286 p. [em russo].

9. Malashenko A., Rabochie materialyi Programmyi "Religiya, obschestvo i

bezopasnost", disponível em: http://carnegie.ru/2015/04/23/ru-59854/i7pc (acedido em 31.10.2016) [em russo].

10. Mirzahanov D.G. (2005) DISSERCAT.COM: Jelektronnaja biblioteka dissertacij, disponível em: http://www.dissercat.com/content/osobennosti-politizatsii-islamskoi- obshchiny-dagestana-na-sovremennom-etape (acedido em 18.01.2016) [em russo].

11. Pavlovnin M. S. (2012) *Vestnik Tomskogo gosudarstvennogo universiteta,* no. 359, pp. 44-46 [em russo].

12. Panarin A.S. (1996) Filosofija politiki, Moscovo, Novaja shkola, 424 p. [em russo].

13. Protivodejstvie religioznomu jekstremizmu i terroristicheskoj dejatel'nosti v Kazahstane (metodicheskoe posobie) (2015) KGU "Centr issledovanij religioznyh problem" Upravlenija po delam religij akimata Kostanajskoj oblasti. Ispolnitel': Obshhestvennoe ob#edinenie "Socium & Ja", Kostanaj, 80 p. [em russo].

14. Rajmon A. (1992) Jetapy razvitija sociologicheskoj myslishh. red. i predisl. P.S. Gurevicha, Moscovo, Izdatel'skaja gruppa "Progress" - "Politika", 608 p. [em russo].

15. Strizoe A.L. (1999) Politika i obshhestvo: social'no-filosofskie aspekty vzaimodejstvija, Volgograd, Izd-vo Volgogradskogo gosudarstvennogo universiteta, 319 p. [em russo].

16. Sultangalieva A.K. (2012) "Vozvrashhenie islama" v Kazahstan, Almaty, Fond "Altynbeka Sarsenbajeva", 170 p. [em russo].

17. Terjoshina E.A. (2012) Ponjatie politizacii religii [Tekst] / E.A. Terjoshina // *Uchenye zapiski Kazanskogo universiteta. Gumanitarnye nauki*. Tom 154, kn. 1, pp. 254 - 260 [em russo].

18. Tujganov M.S. (2015) *Sud'by nacional'nyh kul'tur v uslovijah globalizacii: sbornik materialov III Mezhdunar. nauch. Konf,* Cheljabinsk, pp. 273-277.

19. O que é o "Jenciklopedicheskij slovar". Radikalizacija. Akademik: jelektronnyj slovar', disponível em:

http://dic.academic.ru/dic.nsf/es/137391/radikalizacija (acedido em 27.01.2015) [em russo].

A CRISE DE IDENTIDADE COMO CONDIÇÃO PARA A RADICALIZAÇÃO DA JUVENTUDE DO CAZAQUISTÃO

Resumo: O artigo mostra o problema da identidade da juventude do Cazaquistão em condições modernas de renascimento da religião. O autor identifica os principais factores determinantes da radicalização dos jovens no contexto da crise de identidade.

Palavras-chave: identidade, crise de identidade, radicalização, identidade dominante.

Os jovens sempre foram a parte da sociedade em que se depositam todas as esperanças para o desenvolvimento futuro do Estado. A independência do Cazaquistão abriu muitas possibilidades de desenvolvimento sócio-económico e sócio-político.

Atualmente, a política de juventude no Cazaquistão presta grande atenção à inclusão da geração jovem do Cazaquistão nos processos sociais. Os principais meios são, em primeiro lugar, as instituições sociais primárias (sistema educativo), bem como as organizações públicas, sociopolíticas e não governamentais, os fóruns de juventude, os eventos a nível republicano e regional.

No entanto, no contexto do desenvolvimento ativo da política de juventude, continuam a existir problemas relacionados com a autodeterminação dos jovens em matéria de atitudes de vida, princípios morais, valores e, consequentemente, segurança espiritual. Um papel especial nestes processos é desempenhado pelo fenómeno da identidade, que nos últimos anos tem sido atualizado na teoria e na prática sócio-humanitária.

A identidade é uma categoria das ciências sócio-humanitárias (psicologia, filosofia social, antropologia cultural, psicologia social e

identidade é um termo utilizado para descrever indivíduos e grupos como entidades relativamente estáveis, "idênticas a si próprias". A identidade não é uma propriedade (ou seja, algo inerente a um indivíduo desde o início), mas uma atitude. É formada, fixada (ou, pelo contrário , redefinida), é transformada) apenas no decurso da interação social. No sentido estrito da palavra, a identidade só pode ser atribuída a indivíduos, uma vez que só os indivíduos possuem a qualidade da subjetividade e, consequentemente, são capazes de atribuir ou não atribuir a si próprios determinados significados. Só é permitido atribuir identidade a grupos num sentido figurativo, metafórico..... Na estrutura da identidade, podemos distinguir os níveis "individual" e "social". Se a identidade pessoal é um conjunto de caraterísticas que conferem a um indivíduo a qualidade de singularidade, então a identidade social é o resultado da identificação (identificação) de um indivíduo com as expectativas e normas do seu ambiente social [1]. A superação da crise de identidade é indolor em comunidades homogéneas (em caso de choques). No entanto, a sociedade do Cazaquistão não pertence a essas comunidades. A multinacionalidade e a policonfessionalidade são "satélites históricos" da nossa realidade social. O colapso da União Soviética conduziu a uma profunda crise de identidade, tanto a nível pessoal como social. As consequências desta crise manifestam-se em todas as esferas da vida - desde situações quotidianas a situações de importância nacional.

Para muitas "organizações transnacionais" (oficiais e não oficiais), o Cazaquistão independente tornou-se um objeto para a implementação de vários tipos de projectos sociais. Entre elas, as organizações pseudo-religiosas desempenham um papel especial.

É de notar que o "vazio espiritual" daí resultante, que foi um dos factores determinantes da crise de identidade, contribuiu para a formação de uma nova estrutura de identidade para toda a sociedade cazaque, e para os jovens em particular.

O "vazio espiritual" foi preenchido com novos conteúdos, na sua maioria importados de outras culturas. Trata-se, antes de mais, da cultura de consumo liberal ocidental e da cultura islâmica tradicional oriental, sobretudo árabe. A sua rápida disseminação e "fusão" na estrutura da identidade deveu-se a uma série de razões. Em primeiro lugar, os processos de globalização, nos quais o nosso país participou ativamente. Em segundo lugar, a legislação liberal no início da independência na esfera da construção cultural e espiritual, incluindo a religiosa. Aqui também podemos incluir a falta de compreensão profunda da essência do processo de influência mútua e de enriquecimento mútuo das culturas no contexto da globalização e, consequentemente, a transformação do "diálogo das culturas" num verdadeiro "monólogo", em que a nossa sociedade actuou como um objeto de manipulação pelo "Ocidente e pelo Oriente". E, finalmente, a apresentabilidade dos temas do "monólogo" como resultado de um marketing maduro e bem sucedido que responde às exigências do mercado moderno (no sentido mais lato da palavra).

Os nossos jovens viram-se abraçados a este "monólogo", na verdade zombificados por ele. Foi aqui que surgiu a crise de identidade.

No entanto, a formação da identidade teve aspectos positivos. A partir do final da década de 1990, novos elementos da consciência cívica cazaque começaram a penetrar na estrutura da identidade. Os documentos programáticos, como o "Cazaquistão-2030", e os subsequentes projectos de modernização de todas as esferas da sociedade, incluindo as questões relacionadas com a juventude, desempenharam um papel ideológico neste processo. Mas o papel decisivo foi desempenhado pelo crescimento económico, pela melhoria do bem-estar dos cazaques e pela estabilidade da situação política interna, que se destaca claramente no contexto das "revoluções coloridas" em curso nos países pós-soviéticos.

Consequentemente, existe uma situação contraditória na formação da identidade da juventude cazaque, que se caracterizou, por um lado, por uma influência ativa do exterior e, por outro, por uma "reprodução" interna ideias" como supostos fundamentos da futura identidade cazaque, o que, por sua vez, predeterminou a sua instabilidade.

Nestas condições, está a ser construído um novo modelo de identidade da juventude do Cazaquistão, que está a passar por processos complexos. Estão a ocorrer metamorfoses a nível pessoal, que podem ser resumidas pela fórmula proposta por S.S. Zagrebina. A autora constata que as caraterísticas socioculturais do indivíduo (sexo, idade, nacionalidade, cidadania, estatuto social, filiação religiosa, etc.) se encontram num estado de conflito interno, por um lado, e de forte pressão externa, por outro. Surge um fenómeno que se pode designar por "identidade dominante", quando uma das formas de auto-identificação de uma pessoa se torna determinante, em detrimento de outras componentes da personalidade. Um exemplo é a atualização da identidade de género no espaço político e cultural europeu. Outro exemplo é a atualização da identidade confessional entre os representantes do Islão radical em diferentes partes do mundo. As razões para a crise de identidade à escala global encontram-se no aprofundamento do processo de globalização, que unifica as diferenças culturais. Nestas condições, a identidade étnica ou confessional torna-se a base da resistência à unificação e padronização agressivas da civilização moderna [Citado em 2, pp. 92-93].

Uma análise retrospetiva do envolvimento dos jovens em organizações pseudo-religiosas radicais mostra que a crise de identidade foi um dos factores determinantes deste processo. Do ponto de vista da identidade, podem distinguir-se as seguintes determinantes principais deste processo:

1. O processo objetivo de procura da auto-identificação como caraterística psicossocial dos jovens num contexto de orientações socioculturais instáveis e de valores não totalmente formados da sociedade do Cazaquistão;

2. Atividade proselitista ativa de organizações pseudo-religiosas, baseada na identificação negativa, em que é utilizada a abordagem comparativa - "como a nossa fé é melhor do que as outras" ou "como as outras fés são piores

do que a nossa". Isto, recorde-se, é o início daquilo a que chamamos relações intolerantes, que mais tarde se transforma em várias formas de xenofobia;

3. Um elevado nível de marginalização dos jovens como consequência da crise de identidade, devido ao declínio da educação ou ao seu formalismo com a concomitante desvalorização do conhecimento, o ritmo acelerado da urbanização;

4. Falta de ideias nacionais integradoras. Houve propostas e tentativas para as formar, mas a questão foi finalmente resolvida em 2014, quando o Presidente do país, o Líder da Nação, N. Nazarbayev, expressou a ideia de "Mzgilik El", "a ideia nacional do nosso lar de todo o Cazaquistão, o sonho dos nossos antepassados". O anúncio do ato patriótico é o início de uma longa viagem, cuja qualidade e êxito dependerão dos principais factores de desenvolvimento sócio-político e sócio-económico.

Outro ponto importante na radicalização dos jovens é o papel da comunicação. Como observa V.I. Ermakov, a base mais importante para a escolha que cada pessoa faz no processo de auto-identificação é a realidade comunicativa, quando as principais caraterísticas do indivíduo são reveladas no seu comportamento de fala. Isso é possível se a própria personalidade mantiver uma invariante em todas as manifestações (dimensões) da identidade: identidade como identidade; identidade como self; identidade narrativa; identidade como autenticidade [Ibid., p. 91]. Sabe-se que o recrutamento de jovens é efectuado por especialistas bem treinados de organizações pseudo-religiosas radicais. Têm uma experiência rica de integração harmoniosa no ambiente comunicativo dos jovens. Além disso, muitos deles são eles próprios representantes da juventude do Cazaquistão. A sua capacidade de transformar, influenciar e depois controlar o comportamento dos novos adeptos através de palavras, slogans e combinações de discursos especialmente selecionados de diferentes línguas e subculturas surpreende por vezes a imaginação dos mais famosos peritos no domínio da prevenção do extremismo ou de teólogos experientes.

Assim, pode afirmar-se que a crise de identidade se tornou uma condição importante no processo de radicalização da juventude do Cazaquistão. O Estado tem de prestar especial atenção ao desenvolvimento qualitativo das ideias integradoras, da ideologia e da sua concretização no âmbito da política de juventude. A este respeito, é de salientar a adoção do Ato Patriótico "Mzgilik El", em 26 de abril de 2016, durante a XXIV sessão da Assembleia do Povo do Cazaquistão "Independência. Concórdia. Nação de um futuro unido". O conteúdo do Ato Patriótico é representado por "sete fundamentos invioláveis", penetrando em todas as esferas da vida quotidiana, seja a educação, a ciência, a cultura, a indústria, a agricultura. A sociedade, por sua vez, deve abordar conscientemente a questão da construção ideológica e ideológica no Cazaquistão, porque todos os esforços têm como objetivo a formação de uma nova identidade cazaque, que será capaz de resistir a todas as manifestações de destrutividade e xenofobia.

Literatura

1. Nova Enciclopédia Filosófica: Em 4 vol. M.: Mysl. Editado por V. S. Støpin. 2001. *[Recurso eletrónico]. URL:* http://dic.academic.ru/dic.nsf/enc_philosophy/419/ *(data do endereço 13.02.2016)*;
2. Borisov S.V. O homem moderno em busca de identidade (com base nos materiais do simpósio científico interdisciplinar) // Sotsium i vlast 2014. № 6. C. 90-94.

O "ESTADO ISLÂMICO" E A SEGURANÇA POLÍTICA INTERNA NO CAZAQUISTÃO

Resumo: O artigo é dedicado às questões de segurança política interna do Cazaquistão e às ameaças provenientes do chamado "Estado Islâmico". O autor mostra a lógica geral da propagação no mundo e a penetração de movimentos religiosos destrutivos neste ou naquele país através da expressão "carácter transgressivo dos movimentos religiosos destrutivos".

Palavras-chave: "Estado Islâmico", segurança política interna, carácter transgressor dos movimentos religiosos destrutivos.

"Ide, muçulmanos, pelo vosso país. Sim, porque é o vosso país. Avante, porque a Síria não pertence aos sírios e o Iraque não pertence aos iraquianos", a 28 de junho de 2014, primeiro dia do Ramadão, Abu Bakr al-Baghdadi, na altura califa Ibrahim, anunciava o fim do ISIS (Estado Islâmico do Iraque e do Levante) e o nascimento do Estado Islâmico. Estava a transmitir a partir do púlpito da Grande Mesquita de al-Nuri, em Mossul, cidade capturada alguns dias antes pelos seus militantes. Iraquiano de nascimento, al-Baghdadi aboliu a cidadania. Para ele, já não existiam os povos do Crescente Fértil, nem os povos do resto do mundo. Tudo foi substituído pelo Estado Islâmico. Para além disso, toda a humanidade estava dividida em dois "campos". O primeiro era "o campo dos muçulmanos e dos mujahideen [guerreiros santos]", e o segundo era "o campo dos judeus, dos cruzados e dos seus aliados" [1, p. 23]. [1, c. 23].

Para os cazaques, os horrores da vida quotidiana que o Médio Oriente representa não são algo de vago e esquivo. Pela primeira vez, o Cazaquistão enfrentou diretamente a ameaça do terrorismo em 2011 [2, p. 12]. O terrorismo em si e as suas consequências, tal como as consequências de qualquer fenómeno social negativo, podem ser "extintos" numa situação política, económica, social e psicológica interna estável. No entanto, o mundo inteiro une-se em torno da ameaça do terrorismo precisamente porque a metamorfose associada à adaptação e, consequentemente, a espantosa capacidade de sobreviver, reencarnar e atingir até os países mais prósperos fazem do terrorismo a mais terrível ameaça à segurança interna e geopolítica.

Provavelmente, muitos concordarão com a opinião de que a segurança política interna há muito que está associada, na consciência das massas e dos indivíduos, à segurança contra as invasões de organizações terroristas religiosas. A mais perigosa de entre elas é o "Estado Islâmico".

Em primeiro lugar, gostaria de clarificar o facto de que, apesar de uma certa experiência de existência de organizações religiosas destrutivas no Cazaquistão, incluindo extremistas e terroristas (clandestinas), as suas actividades e influência na sociedade não foram totalmente estudadas. Há alguns êxitos na análise da situação global, mas não há estudos, por exemplo, sobre a dinâmica da sua atividade sociopolítica na cultura política em geral e na consciência política em particular.

Durante mais de duas décadas, em resultado da política religiosa liberal, verificou-se uma fragmentação bastante grave do espaço religioso, caracterizada por uma profunda penetração dos cultos religiosos, tanto na esfera pública como na esfera privada da vida das pessoas. Os factos do aparecimento de novas denominações no território da República do Cazaquistão, desde as moderadas ("Alya Ayat", "Ata Zholy", "Senim. Bilim. ©mir.") até às terroristas radicais ("Jund al-Khalifat" ("Soldados do Califado")), são uma prova viva disso mesmo. Ou seja, a própria sociedade cazaque começou a criar "projectos religiosos de autor" que tiveram "sucesso" não só dentro do país, mas também fora dele. O espaço religioso, que recebeu oportunidades reais de auto-realização e institucionalização, transformou-se numa estrutura a vários níveis.

Apesar disso, a maioria dos ataques , cometidos e impedidos eram "projectos estrangeiros".

Tendo em conta o acima exposto, consideramos oportuno introduzir na circulação científica o termo "Carácter transgressivo dos movimentos religiosos destrutivos", no âmbito do qual entenderemos a capacidade de alguns movimentos religiosos destrutivos transferirem no tempo e no espaço elementos de agressão de carácter pessoal e social.

Neste conceito, a palavra "transgressivo" é emprestada da ecologia, onde designa uma fonte de poluição ambiental, nomeadamente, a poluição que se espalha para um determinado território a partir de outras regiões. O termo "transgressivo" em ecologia está em consonância com o conceito de "transferência transfronteiriça", que significa a propagação de poluentes com fluxos de ar a longas distâncias - para além das fronteiras dos Estados, em cujo território estão localizadas as fontes de poluição [3]. A base de ambos os termos é o conceito de trânsito (do latim transitus - passagem). Neste caso, aplicamo-lo não como tradicionalmente na ciência política, onde é definido como "uma lacuna (intervalo) entre um regime político e outro" [Citado em 4], mas como "um trânsito". Não é o caso da palavra "trânsito" [Citado em 4], mas utilizamos o seu significado original - passagem, em consonância com conceitos como movimento, deslocação, transição, penetração.

Além disso, o carácter transgressor dos movimentos religiosos destrutivos tornou-se uma das principais razões que determinaram o processo de politização dos movimentos religiosos, bem como a desintegração, a desorientação e a heterogeneidade do espaço religioso em geral e do espaço muçulmano em particular. As perspectivas brilhantes que a comunidade muçulmana do Cazaquistão associava ao "regresso do Islão" não se concretizaram. Em particular, se falarmos do Islão como um todo, este ainda não se tornou um fator de integração, mesmo para a etnia cazaque, para não falar de toda a comunidade muçulmana multiétnica. As contradições no seio do espaço religioso, o conflito de interesses e a concorrência podem provocar uma situação em que a cultura política de participação será largamente predeterminada pela cultura religiosa de participação.

Note-se que o EI é um projeto geopolítico. A tomada do Iraque e da Síria "transformou o EI num fator da agenda mundial" [1, p. 7] [1, c. 7]. O Cazaquistão, de acordo com os planos do EI, deverá entrar no Estado de Khorasan [5]. De acordo com o último relatório do Centro de Contraterrorismo dos EUA, cuja informação foi divulgada pela rádio Azattyk, cerca de 1000 pessoas do Cazaquistão já pegaram em armas contra os terroristas.... Os organismos oficiais insistem no número de 450 pessoas [6]. Mesmo 450 para 17 milhões de pessoas no Cazaquistão é muito, se tivermos em conta o facto de que "o recrutamento dos membros do grupo é feito individualmente ou em pequenos grupos de 2-3 pessoas e de acordo com uma metodologia rigorosamente praticada" [2, p. 76]. [2, c. 76]. No final de junho de 2015, na região do Cazaquistão Ocidental, foi pronunciado o veredito de um dos casos mais mediáticos relacionados com a política internacional no Cazaquistão. Dois irmãos Umarov foram condenados a 7 e 8 anos de prisão, respetivamente, por "Propaganda do terrorismo". De acordo com a investigação, os Umarov tentaram recrutar os seus correligionários e familiares para as fileiras dos apoiantes do grupo terrorista "Estado Islâmico", induzindo-os a participar em conversas ilegais na cozinha [6]. É esta a realidade em que vivemos.

Assim, o "Estado Islâmico", que possui uma "energia" real de carácter religioso e ideológico destrutivo e transgressivo, tem uma certa influência mediata na cultura e na consciência políticas através das comunicações sociais. Uma das principais tarefas da comunidade científica é analisar profundamente a forma como esta influência ocorre, quais os factores informais e os fenómenos sociais ocultos que podem transformar-se numa verdadeira ameaça à segurança política interna do Cazaquistão no futuro.

Literatura

1. Weiss M., Hassan Hassan Estado Islâmico: O Exército do Terror; Traduzido do inglês - M.: Alpina Non-Fiction, 2016. - 346 c.;

2. Karin E. Soldiers of the Caliphate: Myths and Reality (Mitos e Realidade). - Almaty, 2014. - 174 c.;
3. Enciclopédia de Ecologia [Recurso eletrónico]. URL: http://dic.academic.ru/dic.nsf/ecolog/ (acedido em 08.01.15).
4. Veitzel D. Trânsito democrático no Quirguizistão: problemas e recomendações práticas. [Recurso eletrónico]. URL: http://www.easttime.ru/analytics/kyrgyzstan/demokraticheskii-tranzit-v- kyrgyzstane-problemy-i-prakticheskie-rekomendatsii;
5. Idoyatova G. Os militantes do ISIS alargaram à Ásia Central as suas ambições de criar um Estado único. [Recurso eletrónico]. URL: http://astanatv.kz/news/show/id/25354.html;
6. Polovinko V. Um pé no ISIS. [Recurso eletrónico]. URL: http://www.novayagazeta.ru/politics/69287.html.

BASES SÓCIO-CULTURAIS DO CARÁCTER NÃO RELIGIOSO (NÃO MUÇULMANO) DOS CONFLITOS SOCIAIS NA HISTÓRIA POLÍTICA (NÃO MUÇULMANO) CARÁCTER DOS CONFLITOS SOCIAIS NA HISTÓRIA POLÍTICA CAZAQUISTÃO

Resumo: O artigo analisa o problema da influência da difusão do Islão no território do Cazaquistão no contexto dos conflitos sociais na sociedade nómada. São analisadas as peculiaridades do sincretismo no Islão nómada e a ausência de retórica religiosa (islâmica) nos conflitos sociais que ocorrem na história política do Cazaquistão.

Palavras-chave: Islão, sincretismo, conflitos sociais, campanha terrorista, o panteão heroico dos cazaques.

No território do Cazaquistão, o Islão foi pela primeira vez declarado religião do Estado no Estado Karakhanid (século X), mas a sua ampla difusão e reforço pertencem à era do domínio mongol (séculos XIII-XV). Os especialistas distinguem três fases de introdução do muçulmano na Horda de Ouro: sob o Khan Berk, o Khan Uzbek e o Emir Yedig. A análise da literatura mostra que, apesar de o Islão ter sido declarado religião do Estado no território do Cazaquistão, não conduziu à islamização em massa de toda a população nómada. Foi sobretudo a elite política e a população urbana que se tornaram adeptas do muçulmanismo. Prestemos atenção à interpretação da perceção do Islão no Cazaquistão medieval, proposta por Abuseitova M.H. e Sultanov T.I.: "Ao que tudo indica, nos séculos XIII-XIV, os governantes da Horda Dourada mostraram total tolerância e tolerância em questões de fé dos seus súbditos. A natureza da tolerância religiosa dos Djuchids é descrita numa carta de um irmão da Ordem dos Minoritas, Johanka Vengra, que visitou a Horda Dourada em 1320. "Para os tártaros, - escreveu ele ao chefe da Ordem, Barão Miguel, - o poder militar subjugou a si próprio diferentes tribos de povos cristãos, mas permitiu-lhes manter a sua lei e a sua fé, não se importando ou pouco se importando com quem tem que fé, de modo que no serviço pacífico, no pagamento de impostos e taxas e nas campanhas militares eles (súbditos) faziam para os seus senhores o que são obrigados pela lei emitida"" [2, c. 269]. A peculiaridade da difusão do Islão entre as tribos nómadas do Cazaquistão foi o facto de a doutrina muçulmana se ter adaptado facilmente às tradições e costumes nacionais do povo cazaque. Assim, podemos dizer que o reforço da posição da religião muçulmana na região teve lugar num contexto de preservação da posição e de uma certa harmonização com as crenças pagãs. Formou-se o chamado sincretismo religioso, quando a adesão à doutrina islâmica foi combinada com a preservação de antigas tradições pagãs na prática do culto, a influência do animismo, do xamanismo, do culto dos antepassados permaneceu notória [8]. O conceito de sincretismo religioso pode ser encontrado em muitos autores nacionais e estrangeiros. Pensamos que o processo que acabou por conduzir ao sincretismo religioso no Cazaquistão (e não só) será adequadamente designado pelo termo "territorialização", utilizado por B. Andersen no livro "Imagined Communities". Neste caso, atribui um papel especial à linguagem. "Como resultado, a realidade ontológica é compreensível apenas através de um único e privilegiado sistema de representação: a linguagem-verdade do latim eclesiástico, do árabe corânico ou do chinês exemplar. E, enquanto línguas-verdade, estão imbuídas de um impulso largamente alheio ao nacionalismo: o impulso para a conversão. Por conversão entendo não tanto a adoção de crenças religiosas particulares como uma absorção alquímica. O bárbaro torna-se um súbdito do "Estado Médio", a ralé torna-se muçulmana e o Ilonggo torna-se cristão. Toda a natureza da existência humana sucumbe à sacralização" [3, c. 36]. Assim, o Islão, tendo-se juntado ao processo civilizacional nómada, tornou-se um elemento da mentalidade dos nómadas e, quanto à sua influência nos processos sociais, foi superficial. Mesmo nos acontecimentos mais significativos da vida do homem e da sociedade, o Islão actuou como uma base formal. Tentemos comprovar esta tese com o exemplo dos conflitos sociais.

A guerra de libertação nacional de 1837-1847, sob a liderança de Kenesary Kasymov, pode servir como uma ilustração vívida do carácter não religioso dos conflitos sociais na história do Cazaquistão. Esta guerra contribuiu para o aumento da auto-consciência nacional, reforçando a unidade nacional dos cazaques.

No seu livro "Sultans Kenesary and Syzdyk", Ahmet Kenesarin escreve: "Kenesary não aderiu ao slogan da "gazavat" - uma guerra santa contra os infiéis, tão intensamente propagandeada nessa altura pelos khans e pelo clero da Ásia Central" [7 p. 8]. [7, c. 8]. O autor contrasta não só os cazaques, mas também a elite política cazaque com os khans e o clero da Ásia Central, para quem o "gazavat" era uma base ideológica na luta contra o colonialismo. Ao mesmo tempo, Kenesary mantém o seu compromisso com o Islão, porque "reúne sob a sua bandeira *verde* todos os ofendidos" [7, p. 8] [7, c. 8]. Nesta situação, a sociedade estava unida por objectivos, interesses e necessidades comuns, e a componente religiosa não se transformou num instrumento político.

Na história do Cazaquistão, nem um único conflito social ou guerra com um inimigo externo foi motivado pelo Islão. A religião nunca uniu toda a sociedade para a realização de quaisquer projectos historicamente significativos. Evidentemente, não pretendemos menosprezar o papel do Islão na formação etnopolítica, cultural e histórica da sociedade cazaque em geral e da etnia cazaque em particular. Os grandes pensadores do Cazaquistão, a começar por Al-Farabi, não eram apenas filósofos, mas ao mesmo tempo iluministas do grande mundo muçulmano. Shokan Ualikhanov, Abay e Shakarim, representantes do pensamento nacional cazaque do início do século XIX e XX, não se baseavam apenas nos pilares do Islão, mas eram parte integrante da cultura islâmica. Shakhimardin escreve: "Abay Kunanbaev e o seu professor religioso Ishan Auez eram pensadores sufis da persuasão Naqshbandi. O autor do romance "O Caminho de Abai", Mukhtar Auezov, intitulava-se Naqshbandi. A própria presença no título do conceito de "caminho", um dos símbolos do sufismo, diz muito" [4, c. 348]. Ibrai Altynsarin, um defensor do esclarecimento na estepe, um professor notável, que abriu a primeira escola pública na estepe, estava firmemente empenhado na religião do Profeta Maomé. O seu manual sobre os princípios básicos da fé muçulmana pode servir de prova.

Consequentemente, o relativismo religioso é também tendencioso para o Islão cazaque, o seu sincretismo. "Os observadores que descrevem a vida dos cazaques no final do século XIX sublinham geralmente que o Islão foi assimilado pelos cazaques de forma superficial" [1, c. 91]. E isto são mais de oito séculos de fusão do Islão nas estepes! Quanto à tendenciosidade, ela exprime-se não só na preservação de antigos cultos pagãos nos cazaques juntamente com o Islão, mas também na sua predominância na vida dos nómadas comuns e na vida das elites. O Islão do Cazaquistão, como síntese da identidade cazaque e islâmica, mostra as formas reais de diálogo de diferentes sistemas socioculturais e a possibilidade de construir uma sociedade tolerante nesta base.

Infelizmente, nos últimos anos, as correntes destrutivas começaram a manifestar-se no renascimento do Islão no Cazaquistão. As mais perigosas são representadas por formas extremas - o extremismo e o terrorismo

Todas as sociedades que se tornam alvo de um ataque terrorista maciço respondem, de uma forma ou de outra, à fonte da intimidação. A natureza desta resposta - consciente ou inconsciente, consolidada ou fragmentada, ativa ou passiva - não é apenas uma ilustração da atitude da sociedade em relação a algo externo, mas uma parte integrante dos acontecimentos em curso. A sociedade pode amortecer a atividade da fonte de intimidação, estimulá-la e contribuir para a sua transformação numa qualidade diferente. A totalidade das "mensagens" dirigidas à sociedade pela fonte de intimidação e as "respostas" que esta lhe devolve constituem uma *campanha terrorista* - uma interação intensa entre a sociedade e os terroristas, diálogo, troca de actos de violência, acções políticas, argumentos ideológicos, emocionais e figurativos [5, p. 77].

Uma campanha terrorista não só tem o seu próprio tema, como também apresenta à sociedade *a imagem do terrorista, que é* formada pela fonte de intimidação de modo a que as suas principais caraterísticas sejam adequadas ao tema da campanha e contribuam ao máximo para o desenrolar desta, de acordo com o cenário dos terroristas. O "lutador pela felicidade nacional, defensor dos desfavorecidos", o "verdadeiro patriota que luta pela independência nacional", o "guerreiro em nome de Alá/Jesus, que derruba as forças obscuras do mal", etc., têm procurado intimidar alguns grupos sociais, étnicos, confessionais e até nações e Estados inteiros, contando com o apoio de outras comunidades no decurso de numerosas campanhas terroristas que tiveram e têm lugar em todo o mundo.

A natureza da interação entre a fonte de intimidação (organização terrorista) e o seu objeto (sociedade aterrorizada) é largamente determinada pelas especificidades da experiência emocional e imaginativa do *tema da campanha pela* sociedade, bem como pelo grau de adequação da *imagem do terrorista* ao estado mental da sociedade e às suas tradições socioculturais. Ao mesmo tempo, só é possível um desenvolvimento constante e ascendente das campanhas terroristas se a sociedade *reconhecer* a imagem do terrorista e a reconhecer como correspondendo ao panteão heroico fixado na cultura nacional.

Daí a grande importância, na maior parte das campanhas terroristas, dos mecanismos de atualização de enredos, temas e imagens de culturas nacionais, que podem ser utilizados pelas fontes de intimidação para aumentar fortemente a influência da imagem intimidante. Assim, o ataque a Kizlyar pelo destacamento do terrorista checheno S. Raduyev (1996). Raduyev (1996) não é apenas um ato de terror contra a sociedade russa no seu conjunto, mas também a concretização de uma das histórias autorizadas da tradição militar heróica dos povos do Cáucaso: a marcha sobre Kizlyar do primeiro imã da Chechénia e do

Daguestão, Gazi-Magomed, que serviu de exemplo à campanha "Kizlyar". 1831 marcou o início do gazavat - a fase mais aguda da guerra do Cáucaso. Apelando à tradição local, Raduyev procurou a simpatia sobretudo do público caucasiano, a quem tentou dar um exemplo "heroico" com as suas acções [5, p. 78].

No seu livro "Soldiers of the Caliphate: Myths and Reality", Yerlan Karin analisa o desenrolar da ameaça terrorista no Cazaquistão entre 2002 e 2013.

Pela primeira vez, o Cazaquistão enfrentou diretamente a ameaça do terrorismo em 2011. Durante o ano, ocorreram eventos relacionados com a manifestação do terrorismo em várias regiões do país, que mais tarde receberam uma ampla repercussão pública. Inicialmente, as autoridades e os serviços especiais do Cazaquistão não reconheceram os acontecimentos como actos terroristas e negaram que as pessoas detidas ou liquidadas durante as operações especiais pertencessem a grupos terroristas. No entanto, a cadeia de vários acontecimentos indicava claramente que os grupos radicais se tinham tornado activos no país [6, p. 12]. Pensamos que a ativação de grupos radicais neste caso implica um fenómeno muito limitado à escala do espaço social em geral, e do espaço religioso em particular. Uma das provas disso é o facto de os extremistas não terem conseguido realizar uma tarefa simples, mas muito importante, no caminho para o seu objetivo - angariar dinheiro. Claro que apareceram "simpatizantes", mas não foi suficiente. Os extremistas não se enquadraram na homogeneidade tolerante da sociedade cazaque e, consequentemente, o efeito cumulativo que previam falhou. Talvez esta seja uma das razões pelas quais a elite política do país não reconheceu estes acontecimentos como actos terroristas. Mas o mais importante é que o extremismo de motivação religiosa (da persuasão islâmica) não reflecte de forma alguma a experiência emocional e imaginativa da sociedade relativamente ao *tema da campanha,* bem como o grau de adequação da *imagem do terrorista* ao estado mental da sociedade e às suas tradições socioculturais.

O panteão heroico dos cazaques é constituído por heróis-batedores, heróis-khans, heróis-soldados que deram as suas vidas nos campos de batalha onde as acções militares e o auto-sacrifício foram dirigidos contra o inimigo externo invasor, quer fossem os Dzungars, quer fosse a política colonial do czarismo ou a agressão fascista.

Assim, a história heróica dos cazaques teve como principal objetivo preservar a integridade territorial, a ordem social formada, consolidou e reforçou o sistema político e toda a sociedade. O Islão radical não se enquadra no panteão heroico do Cazaquistão, é um produto estranho, antissocial e anti-nacional. Atualmente, o heroísmo do Cazaquistão está consubstanciado na tolerância e é uma continuação desta tradição em evolução.

Literatura

1. Abuov A.P., Smagulov E.M. Religions in Kazakhstan. - Kostanai: LLP "Kostanai Printing Yard". - 2011. - 255 c.
2. Abuseitova M.H. et al. History of Kazakhstan and Central Asia: Textbook - Almaty: Bilim, 2012. - 620 c.
3. Anderson B. Comunidades imaginadas. Reflexões sobre as origens e a difusão do nacionalismo / Traduzido do inglês por V. Nikolaev; Artigo introdutório.
   C. Bankovskaya. - Moscovo: "KANON-press-C", "Kuchkovo Pole", 2001. - 288c.
4. Artemiev A.I., Kolchigin S.Y., Tsepkova I.B. Religiões no Cazaquistão: Crestomatía em 2 partes. - Parte 2. - Almaty: LLP "Antey", 2013. - 460 c.
5. Baranov A.S. Terrorismo e martírio civil na cultura política europeia dos tempos novos e modernos // Ciências sociais e modernidade. - №1. - 2004, c. 77 - 85.
6. Karin E. "Soldados do Califado": Myths and Reality" (Mitos e Realidade). Almaty 2014. - 173 c.
7. Kenesarin A. Sultões Kenesary e Syzdyk: esboços biográficos. - Alma-

Ata: Zhalyn, 1992, - 144 p.

8. Portal "História do Cazaquistão" http://e-history.kz/ru/contents/view/485, - [Recurso eletrónico] (data do endereço 23.03.15).

TENDÊNCIAS DO RENASCIMENTO DO ISLÃO NO CAZAQUISTÃO
NO CONTEXTO DAS TRANSFORMAÇÕES DEMOCRÁTICAS

Resumo: O artigo trata das contradições no renascimento do Islão, que a sociedade do Cazaquistão enfrentou após a independência. São apresentadas as peculiaridades da emergência de novos problemas nas condições da globalização, das transformações democráticas e da atual situação religiosa. É dada especial atenção à lei da República do Cazaquistão "Sobre a atividade religiosa e as associações religiosas"

Palavras-chave: renascimento do Islão, democracia, liberdade de religião.

A liberdade de consciência, ou melhor, a sua concretização na República do Cazaquistão na última década, tornou-se um obstáculo no quadro das relações entre o Estado e as confissões. Este facto deveu-se a uma série de razões estreitamente relacionadas entre si. Em primeiro lugar, é necessário ter em conta o poderoso surto religioso que teve início no final do período soviético. Os principais "condutores" nessa altura foram as forças internas lideradas por líderes religiosos tradicionais e as mesmas opiniões tradicionais. O segundo fator é a globalização. No entanto, a penetração de ideias e tendências islâmicas modernas e os fenómenos negativos que se seguiram apanharam o Estado de surpresa.

A religião tem um estatuto extremamente incerto no mundo moderno. Por um lado, é geralmente considerada como algo de elevado, importante, significativo - em todo o caso, conta-se com ela, as estruturas de poder namoriscam-na, os defensores da justiça apelam a ela, são-lhe depositadas esperanças em muitas situações difíceis, etc. Por outro lado, a religião não é realmente significativa para a maioria das pessoas, é empurrada para a esfera das ideias abstractas, recorre-se a argumentos religiosos por razões oportunistas, é responsabilizada pelo extremismo e pelo terrorismo; as pessoas estão mais interessadas na moda e nos preços do que nas normas da vida religiosa [3, p. 122].

O renascimento da religião no Cazaquistão desde a independência tornou-se um dos principais "satélites" do processo de democratização. Uma das primeiras medidas de liberalização da legislação religiosa foi a abolição do Conselho para os Assuntos Religiosos sob o governo da RSS do Cazaquistão. Este organismo geria diretamente as actividades das associações religiosas no espírito da ideologia soviética e desempenhava um papel importante no sistema de administração estatal. A adoção da lei "sobre a liberdade de religião e de associação religiosa" constituiu uma continuação lógica. Esta lei insere-se plenamente no quadro geral das transformações democráticas.

De facto, até a própria redação da lei "Sobre a Liberdade de Religião e Associações Religiosas" fala das prioridades que foram estabelecidas aquando da sua criação. Neste caso, não se tratava de uma regulamentação estatal. Esta lei, com algumas alterações, esteve em vigor até 22 de setembro de 2011, data em que os Majilis aprovaram o projeto de lei "Sobre a atividade religiosa e as associações religiosas", que vai ao encontro das novas realidades [1, p. 19-20]. As novas realidades estão principalmente associadas às ameaças emergentes à segurança nacional por parte de representantes de organizações extremistas islâmicas.

Atualmente, no mapa do renascimento islâmico no Cazaquistão, podem distinguir-se duas direcções principais - o Islão tradicional (a religião da maioria), que se formou durante séculos com base na cultura local, e o Islão mundial, que se formou durante os anos da independência e cujos portadores são uma pequena parte da população. Sendo um Estado secular, o Cazaquistão não dispõe de instrumentos políticos especiais em relação ao Islão. No entanto, pode afirmar-se que o endurecimento da legislação sobre as associações religiosas se deve principalmente às ameaças do Islão à segurança nacional.

Desde a adoção da nova Lei da Religião em 2011, a questão da oportunidade desta medida por parte do Estado continua a suscitar muitas dúvidas. Prosseguem os debates sobre as razões que levaram à adoção desta lei e as suas consequências para o Cazaquistão. Além disso, tanto representantes de religiões não tradicionais como de religiões tradicionais expressam as suas críticas. A maior ressonância foi causada pelo artigo 7.º, que proíbe "a realização de serviços de culto, ritos religiosos, cerimónias e (ou) reuniões, bem como actividades missionárias no território e nos edifícios de organismos e organizações estatais" [2]. [2]. Alma Sultangalieva observa, a este respeito, que os países da Ásia Central adoptaram leis que controlam, em maior ou menor grau, as actividades das associações religiosas. Em muitos aspectos, trata-se de uma continuação da política soviética de domínio dos procedimentos proibitivos [7, p. 37]. Interessa-nos também a posição das autoridades oficiais dos EUA, expressa em 14 de outubro de 2011 na OSCE sobre a questão da nova lei cazaque sobre religião: "Quando os governos restringem excessivamente a liberdade de religião e a liberdade de expressão, ou quando as sociedades não tomam medidas para promover a tolerância e suprimir a discriminação com base na filiação religiosa, arriscam-se a alienar os crentes e a estimular as actividades dos extremistas" [6]. [6]. Também é possível notar a crítica do Estado, expressa no relatório anual do Departamento de Estado dos EUA sobre a situação no domínio da religião no mundo, que foi publicado em maio de 2013. No que diz respeito ao Cazaquistão, o relatório, que abrange a situação em 200 países, indica que a lei de 2011 prevê requisitos obrigatórios rigorosos para o registo de missionários e grupos religiosos. A lei prevê motivos para recusar a concessão do estatuto oficial a grupos religiosos [1, p. 18]. Os representantes oficiais da Administração Espiritual dos Muçulmanos do Cazaquistão opuseram-se a alguns artigos da lei.

A essência dos debates em torno da nova lei é saber se o Estado deve, em princípio, tentar regular a esfera religiosa da sociedade. Especialmente tendo em conta o facto de a religião no Cazaquistão, de acordo com a Constituição, estar separada do Estado, e de o princípio da liberdade de consciência não implicar interferência nas preferências religiosas dos cidadãos. Por conseguinte, conclui-se frequentemente que a adoção da nova lei constitui um retrocesso na política de desenvolvimento do Estado moderno, a rejeição das abordagens liberais do início da década de 1990 e que, consequentemente, o Estado e a sociedade receberam mais problemas relacionados com a sua adoção do que possíveis benefícios [1, p. 19-20].

Há uma certa lógica nisto, mas há também outra lógica quando um ambiente liberal aberto, pelo contrário, cria uma base favorável para que os mesmos extremistas difundam a sua ideologia. Sobretudo quando as actividades destes últimos são apoiadas a partir do exterior de um país, como é frequentemente o caso dos islamistas radicais. Um sistema aberto é sempre uma luta competitiva de interesses e ideologias. Se a sociedade for capaz de a suportar, não há problemas. Mas se houver um risco de desestabilização, o Estado deve reagir para proteger o modo de vida da maioria conservadora da população.

Anteriormente, falámos da relação entre o Estado e o Islão no contexto da democracia, mas há um outro plano - a relação entre o Islão e as outras religiões no contexto da democracia. A retórica principal gira em torno de "confissões elitistas", representadas pelo Islão sunita e pela Igreja Ortodoxa Russa, e "não elitistas", representadas por novos movimentos religiosos pertencentes a diferentes religiões mundiais. "A maioria dos funcionários governamentais, dos cidadãos do Cazaquistão, dos representantes da Igreja Ortodoxa Russa e do Islão sunita declaram publicamente a ideia de tolerância e o princípio da liberdade de consciência. No entanto, no seu entender, estas categorias têm um significado essencialmente intolerante: apenas o Islão sunita, a Ortodoxia russa, o Catolicismo, o Judaísmo e, recentemente, os Luteranos devem ser honrados com uma atitude tolerante e com o diálogo inter-confessional. Declaram que as actividades da maioria das associações protestantes, neoprotestantes e das chamadas novas associações religiosas que operam oficialmente são "desastrosas" para a sociedade. Em relação ao "grupo protestante" domina a consciência intolerante, portadora de certos preconceitos, parcialidades, padrões de pensamento e competências comportamentais inerentes ao sistema antidemocrático" [8]. [8]. De um ponto de vista formal, a liberdade de religião, incluindo a dos protestantes no Cazaquistão, é a principal prioridade de uma sociedade democrática.

No entanto, a liberdade de religião implica também a liberdade de pregação, mas esta última circunstância significa que, de facto, estamos a falar da liberdade de concorrência entre associações religiosas, o que já cria uma situação de conflito entre elas. E isto afecta diretamente os interesses do Estado, que não pode ignorar os interesses da maioria da população e das religiões que lhe são tradicionais [1, p. 23].

Podemos concordar com a opinião de A. Kosichenko de que "de acordo com as normas democráticas e em conformidade com a lei da República do Cazaquistão "sobre a liberdade de religião e as associações religiosas", todas as confissões no Cazaquistão têm direitos iguais. No entanto, de facto, o Islão e a Ortodoxia desempenham uma maior importância na vida da sociedade cazaque em comparação com outras confissões". Desenvolvendo o seu pensamento, salienta que: "No que diz respeito à presença no Cazaquistão dos chamados novos movimentos religiosos e à avaliação da sua influência na sociedade cazaque, é óbvio que estas denominações devem provar o seu impacto positivo na nossa sociedade e só então poderão reivindicar condições de funcionamento iguais às do Islão e da Ortodoxia na República do Cazaquistão". Esta questão está diretamente relacionada com o problema da segurança do Estado e a discussão sobre a letra e o espírito da lei que regula a política do Estado no domínio da religião ultrapassa uma disputa puramente teórica. Trata-se de uma questão muito prática [1, p. 25].

Se nos reportarmos ao historial da questão, recordamos que, em 2005, foram introduzidos aditamentos à lei "Sobre a Liberdade de Religião e

Associações Religiosas". A lei foi complementada com o preâmbulo: "Esta lei reconhece que a República do Cazaquistão é um Estado democrático e secular que respeita o direito de todas as pessoas à liberdade de crença, garante a igualdade dos cidadãos, independentemente da sua religião, reconhece o valor cultural e histórico das religiões combinado com a herança espiritual dos povos do Cazaquistão e a importância da harmonia interconfessional, da tolerância religiosa e do respeito pelas crenças religiosas dos cidadãos." De facto, este preâmbulo introduz na lei uma definição de "tradicionalismo" das religiões. "Esta experiência foi adoptada a partir da lei russa, que também dá grande atenção à importância das religiões tradicionais. Embora o preâmbulo não seja uma norma da lei, é significativo para a interpretação de toda a lei. Assim, é lançada a base para a diferenciação das confissões com base na sua contribuição para a vida espiritual do povo do Cazaquistão". Sem dúvida, a definição de "património espiritual dos povos do Cazaquistão" é bastante abstrata, mas demonstra, embora comedida, mas ainda assim, em geral, uma atitude favorável do Estado [1, p. 28-29]. De facto, hoje em dia, a situação de facto representa a dicotomia "tradicional - não tradicional", correspondente à dicotomia "amigo - inimigo". Ao mesmo tempo, o Estado assumiu a responsabilidade de desmistificar o "não-tradicional": a legislação pertinente, a Agência para os Assuntos Religiosos, unidades especiais nas forças de segurança, etc. A este respeito, a modernização da esfera religiosa em geral e a relação entre o Estado e o Islão, que se baseia no controlo estatal sobre as associações religiosas, é o facto de o Cazaquistão ter escolhido a estratégia de "modelar" a religião, com base na necessidade de construir uma identidade nacional [7, p. 36]. Concordamos com a opinião de Zhanna

Onlasheva, que considera que o reconhecimento do papel histórico do Islão Hanafi no Cazaquistão deve ser utilizado nas políticas públicas, tendo em conta o carácter liberal deste mashab. Em primeiro lugar, o mashab hanafita é tradicional no território do Cazaquistão há muitos séculos. Em segundo lugar, o Islão Hanafi permite que os crentes vivam pacificamente numa sociedade secular. Em terceiro lugar, outras orientações do Islão, que se opõem à estrutura secular do Estado, a outras religiões e a movimentos islâmicos, estão a espalhar-se no Cazaquistão [5, p. 9].

Coloca-se uma questão razoável: até que ponto se justifica esta atividade do Estado na abordagem de questões religiosas numa democracia? A resposta a esta pergunta é formulada pela realidade que se desenvolveu tanto no Cazaquistão como na região e no mundo em geral. A este respeito, na reunião alargada do partido "Nur Otan", realizada em 17 de janeiro de 2011, o Presidente da República do Cazaquistão, Nursultan Nazarbayev, afirmou "Somos um Estado laico, a religião está separada do Estado, mas isso não significa que o Cazaquistão se deva tornar um local de despejo para quaisquer movimentos religiosos. Atualmente, dezenas de milhares de organizações missionárias estão a trabalhar no Cazaquistão. Não conhecemos as suas metas e objectivos e não devemos permitir tal arbitrariedade, a liberdade total daquilo de que o nosso país não precisa" [4].

Resulta do que precede que, nesta fase, o Estado não pode permitir-se uma concorrência religiosa aberta. Quanto à Lei de 2011, é uma espécie de solução de compromisso entre a abordagem mais liberal, que é geralmente defendida pelos países ocidentais, e a versão mais rígida, que vemos no exemplo de alguns países formados na antiga União Soviética. No âmbito do tema que delineámos, pensamos que a analogia de P.I. Novgorodtsev relativa à democracia, extrapolada para a situação no sector confessional do Estado do Cazaquistão, será aqui apropriada: "Uma vez que a democracia é um sistema de relativismo político, para o qual não há nada de absoluto, que está pronto a permitir tudo, qualquer possibilidade política, qualquer sistema económico, desde que não viole o princípio da liberdade, - é sempre uma encruzilhada; nenhum caminho é ordenado aqui, nenhuma direção é proibida aqui. O princípio da relatividade, da tolerância, das mais amplas admissões e reconhecimentos prevalece sobre toda a vida, sobre todo o pensamento".

Literatura

1. Akimbekov S. Para a história e a prática da política religiosa no Cazaquistão // Kazakhstan in global processes. - 2013. - № 2. - C. 19-20.
2. Lei da República do Cazaquistão "Sobre a atividade religiosa e as associações religiosas" (com alterações e aditamentos a partir de 29.09.2014).
3. Kosichenko A. A religião nos processos globais da modernidade // Kazakhstan in global processes. - 2004. - № 1. - C. 122-131.
4. Nazarbayev N.A. É necessário suprimir as actividades dos movimentos religiosos ilegais no Cazaquistão - [Recurso eletrónico]. - Modo de acesso: http://news.gazeta.kz/art.asp?aid=225950 (data de referência: 12.12.14).
5. Onlansheva Zh. O problema da aplicação da lei da República do Cazaquistão "Sobre a atividade religiosa e as associações religiosas" // Kazakhstan in global processes. - 2013. - № 4. - C. 6-12.
6. Rysaliev A. Toughening the policy of the Kazakhstani authorities with regard to religion [Recurso eletrónico]. - Modo de acesso: http://thenews.kz/2011/11/10/965018.html (data de referência: 08.01.15).
7. Sultangalieva A. A religião e o Estado na Ásia Central moderna - desafios e perspectivas // Kazakhstan in global processes. - 2013. - №2. - C. 34-42.
8. Tsepkova I. B. Realidades e mitos da tolerância religiosa no Cazaquistão [Recurso eletrónico] - Modo de acesso: http://religiopolis.org/documents/851-ib-tsepkova-realii-i-mify-kazahstanskoj-religioznoj-tolerantnosti-materiali-mezhdunarodnoj-nauchnoj-konferentsii-svoboda-religii-i-demokratii-starye-i-novye-vyzovy- kiev-avgust-2010.html (data de referência: 08.01.15).

PANTEÃO HERÓICO DOS KAZAKHS VS. ACÇÕES DE EXTREMISMO DE MOTIVAÇÃO RELIGIOSA NA CAZAQUISTÃO INDEPENDENTE

Resumo: O artigo é dedicado ao panteão heroico dos cazaques como elemento da mentalidade moderna da sociedade cazaque. Nas condições de radicalização do Islão no Cazaquistão, a questão da sua contra-ação, não só em termos de força, mas também em termos ideológicos, é cautelosa. A este respeito, a atualização do heroísmo cazaque pode tornar-se um elemento importante na formação da imunidade ideológica da sociedade.

Palavras-chave: panteão heroico, extremismo de motivação religiosa, campanha terrorista, imagem do inimigo.

Durante os anos da Independência, o Cazaquistão tornou-se diferente. O seu conteúdo espiritual, esvaziado após o colapso da URSS, começou a ser preenchido com novos elementos. A história está a desenvolver-se em espiral: a experiência da deportação forçada de pessoas de todos os cantos da União Soviética para o território do Cazaquistão foi substituída por uma experiência involuntária de expansão religiosa de todo o mundo. Os especialistas designam este fenómeno por vários termos - "renascimento", "renascença", "regresso" da religião. Independentemente da forma como tratamos estas palavras, o espaço religioso do nosso país está a adquirir formas cada vez mais claras em termos quantitativos e qualitativos. A atualidade do tema está também relacionada com os problemas de carácter confessional do Estado, o papel da religião em geral e do Islão em particular no desenvolvimento da sociedade e do homem que surgiram, especialmente na última década.

No entanto, a penetração de novas ideias e tendências islâmicas e os fenómenos negativos que se seguiram criaram uma situação problemática para a sociedade e o Estado.

A religião tem um estatuto extremamente incerto no mundo moderno. Por um lado, é geralmente considerada como algo elevado, importante, significativo - em todo o caso, conta-se com ela, as estruturas de poder flertam com ela, os defensores da justiça apelam para ela, são-lhe depositadas esperanças em muitas situações difíceis, etc. Por outro lado, a religião não é realmente significativa para a maioria das pessoas, é empurrada para a esfera das ideias abstractas, recorre-se a argumentos religiosos por razões oportunistas, é responsabilizada pelo extremismo e pelo terrorismo; as pessoas estão mais interessadas na moda e nos preços do que nas normas da vida religiosa [1, P. 122].

Uma das abordagens científicas e metodológicas relevantes para o estudo da essência do extremismo religioso é a comunicativa. Permite uma compreensão mais profunda dos interesses dos participantes no diálogo.

Todas as sociedades que se tornam alvo de um ataque terrorista maciço respondem, de uma forma ou de outra, à fonte da intimidação. A natureza desta resposta - consciente ou inconsciente, consolidada ou fragmentada, ativa ou passiva - não é apenas uma ilustração da atitude da sociedade em relação a algo externo, mas uma parte integrante dos acontecimentos em curso. A sociedade pode amortecer a atividade da fonte de intimidação, estimulá-la e contribuir para a sua transformação numa qualidade diferente. A totalidade das "mensagens" dirigidas à sociedade pela fonte de intimidação, e as "respostas" que esta lhe devolve, é uma *campanha terrorista* - uma interação intensiva entre a sociedade e os terroristas, diálogo, troca de actos de violência, acções políticas, argumentos ideológicos, emocionais e figurativos [2, p. 77].

Uma campanha terrorista não só tem o seu próprio tema, como também apresenta à sociedade a *imagem do terrorista, que é* formada pela fonte de intimidação de modo a que as suas principais caraterísticas sejam adequadas ao tema da campanha e contribuam ao máximo para o desenrolar desta, de acordo com o cenário dos terroristas. O "lutador pela felicidade nacional, defensor dos desfavorecidos", o "verdadeiro patriota que luta pela independência nacional", o "guerreiro em nome de Alá/Jesus, que derruba as forças obscuras do mal", etc., têm procurado intimidar alguns grupos sociais, étnicos, confessionais e até nações e Estados inteiros, contando com o apoio de outras comunidades no decurso de numerosas campanhas terroristas que tiveram e têm lugar em todo o mundo.

A natureza da interação entre a fonte de intimidação (organização terrorista) e o seu objeto (sociedade aterrorizada) é largamente determinada pelas especificidades da experiência emocional e imaginativa do *tema da campanha pela* sociedade, bem como pelo grau de adequação da *imagem do terrorista* ao estado mental da sociedade e às suas tradições socioculturais. Ao mesmo tempo, só é possível um desenvolvimento constante e ascendente das campanhas terroristas se a sociedade *reconhecer* a imagem do terrorista e a reconhecer como correspondendo ao panteão heroico fixado na cultura nacional.

Daí a grande importância, na maior parte das campanhas terroristas, dos mecanismos de atualização de enredos, temas e imagens de culturas nacionais, que podem ser utilizados pelas fontes de intimidação para aumentar fortemente a influência da imagem intimidante. Assim, o ataque a Kizlyar pelo destacamento do terrorista checheno S. Raduyev (1996). Raduyev (1996) não é apenas um ato de terror contra a sociedade russa no seu conjunto, mas também a atualização de uma das histórias autorizadas da tradição militar heróica dos povos do Cáucaso: a marcha sobre Kizlyar do primeiro imã da Chechénia e do Daguestão, Gazi-Magomed, que, em 1831, serviu de sinal para o início do gazavat - a fase mais aguda da Guerra do Cáucaso. Apelando à tradição local, Raduyev procurou obter a simpatia sobretudo do público caucasiano, a quem tentou dar um exemplo "heroico" com as suas acções [2, p. 78].

No seu livro "Soldiers of the Caliphate: Myths and Reality", Yerlan Karin analisa o desenrolar da ameaça terrorista no Cazaquistão entre 2002 e 2013.

Pela primeira vez, o Cazaquistão enfrentou diretamente a ameaça do terrorismo em 2011. Durante o ano, ocorreram eventos relacionados com a manifestação do terrorismo em várias regiões do país, que mais tarde receberam uma ampla repercussão pública. Inicialmente, as autoridades e os serviços especiais do Cazaquistão não reconheceram os acontecimentos como actos terroristas e negaram que as pessoas detidas ou liquidadas durante as operações especiais pertencessem a grupos terroristas. No entanto, a cadeia de vários acontecimentos indicava claramente que os grupos radicais se tinham tornado activos no país [3, P. 12]. Pensamos que a ativação de grupos radicais neste caso implica um fenómeno muito limitado à escala do espaço social em geral, e do espaço religioso em particular. Uma das provas disso é o facto de os extremistas não terem conseguido realizar uma tarefa simples, mas muito importante, no caminho para o seu objetivo - angariar dinheiro. Claro que apareceram "simpatizantes", mas não foi suficiente. Os extremistas não se enquadraram na homogeneidade tolerante da sociedade cazaque e, consequentemente, o efeito cumulativo que previam falhou. Talvez esta seja uma das razões pelas quais a elite política do país não reconheceu estes acontecimentos como actos terroristas. Mas o mais importante é que o extremismo de motivação religiosa (da persuasão islâmica) não reflecte de forma alguma a experiência emocional e imaginativa da sociedade relativamente ao *tema da campanha,* bem como o grau de adequação da *imagem do terrorista* ao estado mental da sociedade e às suas tradições socioculturais.

O panteão heroico dos cazaques é constituído por heróis-batirs, heróis-khans, heróis-soldados que deram a vida nos campos de batalha onde as acções militares e o auto-sacrifício foram dirigidos contra um invasor inimigo externo, quer se tratasse dos Dzungars, dos canatos da Ásia Central, da colonização do Império Russo ou da Alemanha nazi. As vítimas dos acontecimentos de dezembro de 1986 não tinham como objetivo o martírio ou o auto-sacrifício. Tornaram-se vítimas.

Assim, a história heróica dos cazaques teve como principal objetivo preservar a integridade territorial, a ordem social formada, consolidou e reforçou a estrutura política e toda a sociedade. O Islão radical não se enquadra no panteão heroico do Cazaquistão, é um produto estranho, antissocial e anti-nacional. Atualmente, o heroísmo do Cazaquistão é encarnado na tolerância e é uma continuação desta tradição em evolução.

Literatura

1. Kosichenko A. A religião nos processos globais da modernidade // Kazakhstan in global processes. - 2004. - № 1. - C. 122-131.
2. Baranov A.S. Terrorismo e martírio civil na cultura política europeia dos tempos novos e modernos // Ciências sociais e modernidade. - №1. - 2004, c. 77 - 85.
3. Karin E. "Soldados do Califado": Myths and Reality" (Mitos e Realidade). Almaty 2014. - 173 c.

A CRIAÇÃO DA ADMINISTRAÇÃO ESPIRITUAL DOS MUÇULMANOS DO CAZAQUISTÃO COMO ORGANIZAÇÃO POLÍTICA.

ASSUNTO

Resumo: Este artigo aborda a questão da formação da Administração Espiritual dos Muçulmanos do Cazaquistão (DUMK) enquanto sujeito político. No Cazaquistão, a renovação do Islão e da religião em geral tem um impacto sério no desenvolvimento da sociedade e do Estado e gera novos processos no ambiente religioso. Um desses processos é o processo de transformação da DUMK num sujeito político. Com base na análise da situação atual, são formuladas as principais caraterísticas e traços deste processo.

Key words: Administração Espiritual dos Muçulmanos do Cazaquistão, sujeito, sujeito político, sociedade secular.

No Cazaquistão moderno, as questões da influência das organizações religiosas, em particular do Islão, na política estão a tornar-se actuais. A ciência política nacional e estrangeira está repleta de trabalhos neste domínio. A ambiguidade na determinação da essência, da natureza e do papel do Islão, em particular da Administração Espiritual dos Muçulmanos do Cazaquistão (a seguir designada por DUMK) na vida política do Cazaquistão, leva a que na literatura científica existam diferentes abordagens ao seu estudo, a maioria das quais carece de um estudo pormenorizado. Um dos problemas graves é a ambiguidade na definição dos termos "política" e "sujeito político". Isto causa muita controvérsia sobre se o Islão é politicamente ativo e se é um sujeito político.

No nosso estudo, utilizaremos o critério substantivo da política, bem como o critério do sujeito político.

O problema do sujeito político na ciência tem uma longa história.

Tradicionalmente, as pessoas, as classes, as comunidades sociais e os indivíduos são considerados como sujeitos políticos na ciência. Existem muitas abordagens e pontos de vista relativamente ao tema da política.

Na filosofia antiga, que é a base da teoria da subjetivação, uma pessoa deve ter plena consciência de todas as acções que visam a sua educação ética, que ela produz sobre si própria. I. Kant acreditava que o próprio homem representa o sujeito e possui todos os atributos do sujeito. Cognitivamente, ele possui um conhecimento a priori. Para se intitular sujeito, não precisa de se submeter a nenhuma prova, de se sujeitar à ascese, de se pôr à prova para confirmar o seu orgulhoso título de homem como sujeito.

Segundo K. Marx, os sujeitos políticos são classes com um interesse económico especial, unidas pela sua relação com os meios de produção e a parte da riqueza pública recebida. A sociedade moderna é uma estrutura multinível representada por muitos estratos e muitas relações complexas entre eles. No entanto, o determinismo económico não pode ser completamente negado, uma vez que os interesses económicos estão por detrás de muitos actores políticos modernos.

Na teoria da subjetivação, uma pessoa não pode ser um sujeito de facto, mas deve esforçar-se por se tornar um. A prática quotidiana e o trabalho constante sobre si próprio é aquilo em que M. Foucault se baseia quando fala do sujeito.

T.A. Kulakova, ao estudar as questões do envolvimento na publicidade como uma inovação da administração pública na Rússia, refere-se aos sujeitos da política pública como "o Estado e as suas instituições, as empresas, as instituições da sociedade civil, os grupos sociais, profissionais e ideológicos da população, os meios de comunicação social" [1, p. 133]. [1, c. 133]. O autor considera o envolvimento da população pelo Estado nas políticas públicas e a sua transformação em sujeitos políticos do ponto de vista das suas actividades em prol dos seus interesses e

funcionalidade nas políticas públicas. Ao mesmo tempo, ao envolver a população e as organizações públicas nos processos políticos, o Estado, na maioria das vezes de forma tácita, mantém o direito de patrocinar essas organizações.

Consequentemente, um sujeito político é um participante *relativamente* independente no processo político com o seu próprio interesse na esfera da política

Na história do Cazaquistão, o Islão teve uma grande influência em muitos processos. O Islão posicionou-se mais claramente como sujeito político no início do século XX. Em março de 1917, nas regiões meridionais do Cazaquistão, que faziam parte do Gabinete do Governador-Geral do Turquestão, o partido Shura-i-Islami foi formado por clérigos e intelectuais de mentalidade clerical. M. Shokai, A. Kari, A. Temirbekov e outros desempenharam um papel ativo na organização do partido. A ideologia do "Shura-i-Islami" baseava-se em três elementos estreitamente interligados: a coesão étnica dos povos turco-muçulmanos com vista à sua autodeterminação nacional; a negação da influência positiva das "revoluções russas"; e o estabelecimento de uma identidade étnica e religiosa comum das nacionalidades turco-muçulmanas. O órgão central impresso do partido era o jornal "Shura-i-Islami". As posições políticas do partido exprimiam os interesses das camadas ricas da população local. Defendia a autonomia nacional-religiosa do Turquestão no seio da Rússia burguesa, apoiava o Comité do Turquestão do Governo Provisório e previa reformas na educação e na vida quotidiana.

Em junho de 2017, o partido Shura-i-Islami separou-se do partido Shura-i-Ulema, que se posicionava como uma organização pan-islamista contrarrevolucionária. Reunia o mais alto clero muçulmano, os senhores feudais locais e a parte mais reacionária da burguesia nacional. No congresso da "Shura-i-Ulema", realizado em Tashkent em setembro de 1917, os delegados opuseram-se aos Sovietes, exigiram a separação do Turquestão da Rússia e a unificação de todos os muçulmanos num único Estado muçulmano sob a égide da Turquia, bem como a criação de filiais da "Shura-i-Ulema" em todas as cidades da região do Turquestão. No 3º Congresso dos Sovietes da região (novembro de 1917), os ulemistas opuseram-se ao estabelecimento do poder soviético no Turquestão, estiveram entre os organizadores da autonomia contrarrevolucionária de Kokand e os inspiradores dos Basmachi. Na luta contra o poder soviético, os ulemistas aliaram-se aos guardas brancos russos e aos imperialistas estrangeiros. Os ulemistas, encabeçados pelo seu líder, o advogado S. Lapin, estavam na posição dos Guardas Brancos russos e dos imperialistas estrangeiros. Lapin defendia a posição de "realização dos direitos legítimos dos muçulmanos à auto-determinação, com base em princípios puramente muçulmanos e nos princípios da Sharia".

A "Shura-i-Islami" e a "Shura-i-Ulema" tinham os mesmos valores nacionais, mas diferentes - políticos. Em setembro de 1917, no Congresso dos Muçulmanos do Cazaquistão e do Turquestão, foi decidido unir os "Shura-i-Islami" e os "Shura-i-Ulema" e outras organizações nacionais num único partido político, o "Ittifok-i-Muslimin" ("União dos Muçulmanos"). Foi adoptada uma resolução que propunha a ideia de criar uma autonomia do Turquestão com um governo a dois níveis no interior da Rússia, sob a designação de República Federal do Turquestão. Em outubro, em violação do acordo de unificação, a Shura-i-Islami e a Shura-i-Ulema nomearam independentemente candidatos à Assembleia Constituinte, cada um do seu partido.

No início de 1918, o Conselho dos Comissários do Povo do Turquestão e os Sovietes locais dissolveram os partidos Shura-i-Islami e Shura-i-Ulema por actividades anti-soviéticas [2].

Assim, mesmo no início do século XX, o Islão representava uma verdadeira força política e agia como sujeito da política. Os partidos muçulmanos tentaram assumir a responsabilidade por todo o Estado, tinham reivindicações, programas e acções políticas específicas. Na fase atual, a transformação do Islão em sujeito da política é bloqueada pela forma secular do Estado, mas isso não impede que o Islão adquira qualidades políticas.

As transformações ideológicas radicais do final dos anos 80 e dos anos 90 contribuíram para um aumento do número de muçulmanos (até 72%) que se identificam principalmente com o DUMK. O Islão adquiriu o estatuto de uma organização com um impacto sério na consciência pública, em todas as esferas da vida pública, incluindo a vida política.

As estruturas políticas estatais, os partidos e as organizações públicas estão cada vez mais interessados nas opiniões e actividades dos líderes muçulmanos sobre questões de grande atualidade. No entanto, nas condições de uma sociedade aberta e de um pluralismo confessional no seio do Islão, surgem várias correntes que não reconhecem o DUMK como seu líder, o que constitui uma relação diversa e ambígua.

Como já foi referido, a maioria dos muçulmanos, predominantemente a população indígena, identifica-se com a Administração Espiritual dos Muçulmanos do Cazaquistão, que se tornou o principal condutor da legitimação do Islão. Mas, ao mesmo tempo, de acordo com dados oficiais, entre os muçulmanos há cerca de 15 mil representantes da direção salafita [3], embora em 2013 houvesse apenas 495 pessoas em 24 comunidades salafitas radicais [4]. Este rápido crescimento deve-se à conversão confessional dos representantes do Islão tradicional. Por Islão tradicional entendemos a forma histórica do Islão, que se caracteriza pela combinação das tradições nacionais com as normas muçulmanas, o reconhecimento do pluralismo religioso, a coexistência harmoniosa numa sociedade secular. O líder do Islão tradicional é a Administração Espiritual dos Muçulmanos do Cazaquistão.

Não existe qualquer confronto entre o Estado e o Islão tradicional. A análise mostra que a sua relação se baseia em dois princípios: 1 - o princípio da não-interferência, 2 - o princípio da cooperação em questões actuais. A importância crescente da relação entre o Estado e a religião é confirmada pela transformação, em setembro de 2016, da Comissão dos Assuntos Religiosos do

Ministério da Cultura e do Desporto no Ministério dos Assuntos Religiosos e da Sociedade Civil (a seguir designado por MDRGO), para o qual foram transferidas as funções e os poderes no domínio da interação entre o Estado e as organizações religiosas, o sector civil e as organizações juvenis. Já em fevereiro de 2017, foi assinado um acordo bilateral entre o MDRGO e a DUMK. A essência do acordo é resumida nas palavras do Ministro Nurlan Ermekbayev, que delineou o foco do Ministério na organização do trabalho conjunto com o Muftiate para realizar actividades destinadas a prevenir a propagação do extremismo religioso, a implementação de medidas adicionais para a educação espiritual e moral da geração mais jovem e o envolvimento de associações religiosas para este fim no âmbito das medidas destinadas a garantir a segurança da sociedade, tal como afirmado no Discurso do Chefe de Estado ao povo do Cazaquistão em 2016 [5]. A resposta do Mufti Supremo está em consonância com as palavras do Ministro: "Como podemos ver, o cerne do acordo era o problema da prevenção e da luta contra o extremismo religioso e o terrorismo. O facto de este problema dever ser resolvido "não apenas pela DUMK, mas antes de mais pelo governo" [6, p. 71] [6, p. 71] em 2005, afirmou o Mufti Absattar-Kazhi Derbisali. A legitimação do Islão não garantiu a sua elevada autoridade entre os muçulmanos do Cazaquistão, e o aparecimento e as actividades de novos movimentos minaram mesmo o nível existente. A própria DUMK estava interessada em aproximar-se do Estado e em combater conjuntamente as orientações não tradicionais em condições de fraco nível da sua atividade religiosa e missionária. Agora, esta luta em coligação com o Estado pode contribuir para a reabilitação do Islão tradicional, elevando o seu estatuto e reforçando a sua legitimação. No entanto, o Estado, tendo assumido o principal fardo da responsabilidade pela luta contra o extremismo, não está disposto a limitar-se aos métodos e meios tradicionais (por exemplo, a força) e está a tentar influenciar os muçulmanos através da influência na modernização do Islão tradicional, com base em relações paternalistas.

Para um funcionamento normal, qualquer organização procura ser formalizada, receber fundos e ter uma base social. Independentemente do tipo de Estado (laico ou teocrático) e da confissão, as organizações religiosas procuram exercer influência política. A Administração Espiritual dos Muçulmanos do Cazaquistão interage com o Estado, uma vez que para a implementação dos seus objectivos fundamentais - existência e influência - são necessárias actividades públicas: registo das organizações nos organismos estatais, obtenção de terrenos, realização de actividades comerciais, educativas, de esclarecimento e missionárias, organização do Hajj, relações internacionais, etc. A Administração Espiritual dos Muçulmanos do Cazaquistão interage com o Estado. A DUMK faz tudo para a adoção das leis e decisões necessárias. Para conseguir a adoção de qualquer decisão pelos organismos estatais, é necessário obter a aprovação da comunidade muçulmana para esta ou aquela atividade.

A atividade religiosa conjunta, a difusão da doutrina, pode ser levada a cabo na presença de uma certa influência na sociedade. A atividade de uma organização religiosa está sempre relacionada com os interesses de uma determinada força política, o que determina a construção de relações entre a religião e as instituições sociais. Por conseguinte, a DUMK dispõe de infra-estruturas - sítios Internet (23 sítios recomendados pelo MDRGO), o canal de televisão Asyl arna e o programa "Zh^ma yaFbi3bi" ("Sermão de sexta-feira") no ar do "First Channel Eurasia". Assim, é possível encontrar aqui informação quase política, tal como interpretada pelo clero.

O clero muçulmano tem uma influência direta na consciência política das massas através do conteúdo dos sermões religiosos nos meios de comunicação social, bem como dos discursos em nome da elite espiritual. Na mente dos crentes, os clérigos representam os principais noviços da religião, proporcionando uma comunicação organizada com Deus. As suas palavras não podem ser postas em causa. Para muitos cazaques, uma vez afastados da religião, as surahs do Corão lidas pelos imãs em árabe são vistas como encantamentos sacrais, o que reforça a autoridade dos imãs e aumenta a legitimação do conteúdo dos seus sermões. Isto é especialmente verdade para os mullahs e imãs que receberam a sua educação espiritual no estrangeiro e são fluentes em árabe. O DUMK forma nos seus paroquianos uma visão do mundo, atitudes psicológicas e valores que determinam vários aspectos da atividade social, incluindo a atividade política. Tudo isto cria condições para a dependência do comportamento político dos crentes em relação às posições políticas do DUMK.

Através de infra-estruturas organizadas, o DUMK consegue chamar a atenção do público para algumas questões e desviá-la de outras, bem como interpretá-las em seu benefício ou dos seus aliados. Por exemplo, nas mesquitas, durante as orações de sexta-feira, são comuns os sermões políticos antes de acontecimentos políticos importantes. Isto foi discutido abertamente pela primeira vez em 2011, antes do referendo sobre a prorrogação do mandato do Presidente Nursultan Nazarbayev. Nessa altura, representantes do DUMK admitiram que, uma semana antes, nas grandes mesquitas do Cazaquistão, tinham sido proferidos sermões durante as orações de sexta-feira (fora do seu plano anual de sermões), apelando aos muçulmanos para que participassem ativamente no referendo. Como o porta-voz do DUMK, Ongar-kazhi Omirbek, explicou na altura: "Atualmente, toda a nação está a falar do referendo e nós também decidimos falar do referendo, uma vez que o povo cazaque apoia o Presidente pelos seus serviços" [7]. O porta-voz do DUMK exprime com toda a confiança uma posição política em nome de todo o povo cazaque (muçulmano).

Apesar de o Islão tradicional não ser uma estrutura política (não tem o objetivo de tomar o poder do Estado), tem a sua própria posição política, como qualquer organização - pública ou religiosa. Ao expressar a sua posição, a DUMK aprova ou desaprova, legitima ou não legitima as acções desta ou daquela entidade política. Por exemplo, no funeral de Heydar Dzhemal, presidente do Comité Islâmico da Rússia, um famoso teólogo russo e copresidente do movimento público "Património Islâmico Russo", em Almaty, não havia representantes da Administração Espiritual dos Muçulmanos do Cazaquistão [8]. Pensamos que a razão para este comportamento foi a atividade sociopolítica de G. Dzhemal, que, por um lado, procurou integrar todo o mundo islâmico e, por outro, justificou as actividades dos bombistas suicidas. G. Dzhemal participou nas Marchas dos Dissidentes na Rússia e, em 2010, assinou o apelo da oposição russa "Putin tem de sair". Antes do funeral, os meios de comunicação social noticiaram que G. Dzhemal seria sepultado em Kensai, onde estão sepultados muitos cazaques famosos, mas, por razões desconhecidas, o funeral realizou-se num pequeno cemitério na parte alta da cidade. Através deste revisionismo, o DUMK mostrou a sua atitude não só em relação à personalidade de G. Dzhemal, mas também em relação às suas opiniões religiosas e políticas, dando indiretamente a entender à comunidade muçulmana do Cazaquistão que estas são inaceitáveis (ilegítimas).

Ao considerar a política como uma atividade pública, cujo objetivo é ganhar, manter e utilizar o poder na sociedade, o DUMK não é apenas um sujeito político, mas também uma estrutura social heterogénea com laços politizados. A análise dos documentos oficiais da DUMK nega este facto, mas na prática é possível. Assim, em 2011, a Administração Espiritual dos Muçulmanos do Cazaquistão pronunciou-se contra a proibição legislativa de salas de oração nas instituições estatais do Cazaquistão, prevista no sétimo artigo da lei "Sobre a atividade religiosa e as associações religiosas" adoptada pelo Parlamento da República. A declaração foi feita pelo próprio Mufti Supremo do Cazaquistão na altura, o Sheikh Absattar Haji Derbisali. O DUMK insistiu na alteração do sétimo artigo e chegou a apresentar as suas propostas, mas o Senado rejeitou-as. A reação do DUMK foi uma declaração de que o Departamento continuará a insistir na alteração desta disposição, explicando que, em primeiro lugar, o artigo pode causar danos irreparáveis à unidade e à harmonia dos muçulmanos no Cazaquistão; em segundo lugar, a introdução de uma proibição da oração em organismos estatais, instituições de ensino e dormitórios pode provocar o aparecimento de forças hostis ao Estado; em terceiro lugar, não é uma boa solução para o problema do combate ao extremismo e ao terrorismo. Ao mesmo tempo, o DUMK tem apoiantes sob a forma de organizações públicas. Várias ONG exigiram que o documento fosse revisto e que o diretor da Agência para os

Assuntos Religiosos (ADR), Kairat Lama Sharif, fosse demitido. A organização internacional de direitos humanos Freedom House afirmou que a nova lei sobre religião viola o direito dos cazaques à liberdade de religião e, na sua declaração, pediu ao Senado que rejeitasse o projeto de lei. O Gabinete da OSCE para as Instituições Democráticas e os Direitos Humanos (ODIHR) declarou igualmente que a lei "Sobre a atividade religiosa e as associações religiosas", adoptada pelo Parlamento do Cazaquistão, limita a liberdade de religião no Cazaquistão e constituirá um retrocesso em relação aos compromissos assumidos pelo Cazaquistão e pela OSCE [9]. Na situação atual, a principal intriga foi a discussão da nova lei, e a institucionalização da atividade religiosa na República do Cazaquistão chegou a um impasse. Formaram-se dois pólos condicionais na questão do futuro desenvolvimento confessional no país.

O confronto não durou muito tempo. Após a aprovação da lei, em outubro de 2011, o incidente foi resolvido a favor do Estado. Não houve uma discussão alargada. No entanto, de outubro até ao final de 2011, foram cometidos três atentados terroristas no Cazaquistão por representantes de movimentos islamistas radicais.

Pouco mais de um ano depois, em fevereiro de 2013, o chefe da DUMK A. Derbisali demitiu-se antes do fim do seu mandato, explicando que queria dedicar-se a actividades científicas e educativas. A opinião do novo Mufti E. Mayamerov sobre a lei "Sobre a atividade religiosa e as associações religiosas" é ainda desconhecida, mas, em geral, a sua lealdade à política do Estado é inequívoca.

No âmbito do nosso estudo, a importância desta ou daquela personalidade que ocupa posições em diferentes níveis da estrutura da DUMK é importante. As acções dos clérigos com poder determinam as relações não só no seio da DUMK, mas também na região como um todo, uma vez que o comportamento dos habitantes da região depende em grande medida do comportamento dos crentes que nela se encontram. Alguns processos sociais que têm origem na mesquita podem continuar noutras instituições sociais, tornando-se politizados no processo. A estrutura de poder na DUMK é, de facto, construída por analogia com o poder executivo do Estado: os oblasts são chefiados por imãs regionais, os distritos por imãs distritais, nas zonas rurais por imãs de aldeia, o que cria condições para o estabelecimento de relações entre autoridades seculares e espirituais a diferentes níveis.

Há muitas subdivisões representadas na estrutura da DUMK: 2517 associações, 2415 mesquitas, 1 universidade, 1 instituto de formação avançada de imãs, 9 madrassas, 2 centros de formação de recitadores do Alcorão. Cada subdivisão tem a sua própria estrutura e influencia a consciência pública de várias formas. É necessário ter em conta o facto de existirem diferentes grupos de interesse e de pressão no seio da DUMK. Muitos factores desempenham um papel importante na heterogeneidade dos pontos de vista dos membros do DUMK sobre várias questões. Por exemplo, todo o clero da DUMK pode ser condicionalmente dividido em dois grandes grupos - os que receberam educação religiosa no estrangeiro e os que receberam educação no Cazaquistão ou nos países da CEI.

Na fase atual, no Cazaquistão, a legitimação em grande escala do Islão está associada ao reforço do fator religioso, e não ao fator da religião. Apesar do crescimento acentuado dos indicadores quantitativos (número de crentes, organizações religiosas, mesquitas, etc.), não é a religião na sua essência, mas a projeção política e social da religião que é procurada [10, p. 59]. A religião não só cria projectos de problemas agudamente relevantes que são politizados noutras instituições sociais, como também se politiza, se envolve na política, transformando-se num grupo de pressão que protege os interesses pessoais e dos seus aliados. A religião politizada pode ser mais facilmente atraída para a política e transformada num sujeito político ativo.

Os peritos já alertam para o desvio da DUMK das suas verdadeiras funções e para a sua preocupação com "assuntos terrenos", o que constitui uma via direta para o aparecimento de novos riscos de confronto (incluindo formas extremas), tanto no interior da organização como em relação a outros actores. As estatísticas mostram que "a quantidade não altera a qualidade". Por exemplo, na região sul do Cazaquistão, o número de mesquitas aproxima-se do milhar. No entanto, foram as regiões do sul que foram atingidas pela epidemia de bebés abandonados em 2015-2016. Do mesmo modo, nas regiões do sul e do oeste, onde o número de mesquitas está a aumentar, o número de crimes de pedofilia aumentou 50% ou mais. Aparentemente, este sector da espiritualidade não é regulado por registos quantitativos; são necessários registos qualitativos. Entre outras coisas, as crianças de hoje, em muitas famílias, são introduzidas na religião numa idade precoce, o que é grandemente facilitado pela abundância dos objectos de culto mencionados. No entanto, este facto não afecta a moralidade. Assim, de acordo com inquéritos realizados pelo Fundo das Nações Unidas para a População (UNFPA) no Cazaquistão, 64% dos cazaques tiveram a sua primeira experiência sexual em idade escolar. E se em 2010 o número de casos de gravidez indesejada era de 28,3 por 1.000 raparigas com idades entre os 15 e os 19 anos, em 2014 registou-se o valor de 34,7 nesta faixa etária [11].

No nosso tempo, a atitude negativa em relação à DUMK e as contradições no seio da DUMK estão sobretudo relacionadas com a componente política, mais precisamente, o desacordo com o poder existente na comunidade muçulmana ou a insatisfação com a sua cooperação com as autoridades seculares. Consequentemente, podemos tirar uma conclusão prática sobre a necessidade de melhorar a regulamentação legal das actividades das associações religiosas, com vista à sua despolitização e a uma definição mais ou menos clara das fronteiras do secularismo. A universalidade da política predetermina a existência de um comportamento político das organizações públicas. Muitas organizações de diferentes níveis - do internacional ao local - são politizadas, e não há nada de negativo no facto de a DUMK procurar influenciar a política. Pelo contrário, como observam muitos peritos e políticos, a participação do Islão oficial na vida política do Cazaquistão pode afetar a qualidade das políticas públicas.

No entanto, a religião e a atividade missionária são a principal atividade da religião, e a alma humana é o seu principal objeto, a vertical "homem-Deus" é o principal conceito estratégico da fé religiosa. O êxito nestes domínios é o principal critério de eficácia de uma associação religiosa, caso contrário, a sua existência perde o sentido. A associação religiosa, no caso de se transformar numa entidade politizada ou comercializada, torna-se ilegítima na consciência pública e, em primeiro lugar, na mente dos crentes, provocando fenómenos negativos.

Assim, a Administração Espiritual dos Muçulmanos do Cazaquistão tem um impacto significativo nos processos políticos do Cazaquistão e actua como um sujeito político. A transformação da DUMK num sujeito político é condicionada por um complexo de factores internos e externos. A atividade da DUMK forma não só a visão do mundo, mas também atitudes sociopolíticas específicas e estereótipos que influenciam o comportamento político da comunidade muçulmana e de outros cidadãos.

Literatura

1. Kulakova T.A. O envolvimento na publicidade como inovação da administração pública na Rússia // Tambov: Gramota, 2011. N.º 8 (14): em 4 partes. CH. II. C. 132-136.
2. http://bibliotekar.kz/istoriki-kazahstana- partii-shura-i-islami-i-shura-i- ulema.html (acedido em 27.03.2017).
3. Salafistas no Cazaquistão: proibir, expulsar ou...? [Recurso eletrónico] // URL: https://365info.kz/2016/06/salafity-v-kazahstane-zapretit-vygnat-ili/ (data do endereço 28.03.2017).
4. O KNB contou 24 jamaats salafitas radicais no Cazaquistão [Recurso eletrónico] // URL: http://minbar.kz/article/show/id/2092.html (data do endereço 28.03.2017).
5. https://www.zakon.kz/4844330-mezhdu-ministerstvom-po-delam-religijj.html (acedido em 08.04.2017).
6. Vilkovski D. Organizações árabe-islâmicas no Cazaquistão moderno: influência externa no renascimento islâmico: Monografia [Texto] / D.

Vilkovski. Astana - Almaty: IMEP na Fundação do Primeiro Presidente, 2014. 192 c.

7. A DUMK implementou o esclarecimento sobre o referendo fora do seu plano anual [Recurso eletrónico]//. URL: http://rus.azattyq.Org/a/dumk_ongar_khadzhy_kazakhstan_mechet_r eferen dum/2283603.html (acedido em 28.03.2017).
8. http://rus.azattyq.org/a/28158621.html (acedido em 14.04.2017)
9. http://www.nomad.su/?a=3-201110030015 (acedido em 04.04.2017).
10. Burova E., Kosichenko A. Atual problems of the development of the religious situation in the Republic of Kazakhstan / Edited by Z.K. Shaukenova. - Almaty: IFPR KN MES RK, 2013. - 137 c.
11. Ibrayev A. Mais mesquitas, há mais espiritualidade? [Recurso eletrónico] // URL: http://www.nomad.su/?a=3-201603100023 (data circulação 04.05.2017).

MIX
Papier aus verantwortungsvollen Quellen
Paper from responsible sources
FSC® C105338

Printed by Books on Demand GmbH, Norderstedt / Germany